ダイエットとはつまり
「やせメンタル」と
「でぶメンタル」が
繰り広げる闘いです。

この本を手にしたあなたは、いままでさまざまなダイエットに挑戦し、挫折を繰り返してきたはずです。たとえるなら、ダイエットの冒険に旅立ち、食欲というモンスターたちにコテンパンにされて結局スタート地点に戻り、いつかきれいになりたいと願っている人？


ダイエットを決めたその日に、「食後のスイーツ」を食べてしまう。

ちょっと結果が出たら、「自分へのご褒美♥」。

「少しだけ」と決めて開けたポテチの袋が、いつの間にか空に。

筋トレやストレッチが3日で終わる。体重計をスルーし、鏡は見ないように。太った友だちを見てひと安心。出てくる、出てくる、挫折の数々……。

**そうした心のありかたを、僕は「でぶメンタル」と名づけました。**

でぶメンタルはあなたの最大にして最後の敵！　すなわちラスボスです。

締めのスイーツも、糖質たっぷりのパスタやパンも、ラスボスの罠にすぎません。

そして、そんな**ラスボスに唯一対抗できるのが、「やせメンタル」**です。

**ダイエットとはつまり「やせメンタル」と「でぶメンタル」が繰り広げる闘**

**いです。**そして、あなたの傷だらけのダイエット史は、「でぶメンタル」が勝利し続けた結果と言えるでしょう。

誰もが心の中に持っている「やせメンタル」と「でぶメンタル」。

僕は断言します。

映画やドラマで見るあのきれいな女優だって、でぶメンタルの持ち主です。

じゃあ、なぜあの女優は太らないの？　なんできれいなの？

**それは彼女たちが、「やせメンタル」を日常化しているから。**でぶメンタルよりはるかにパワーのある「やせメンタル」になっているからにほかなりません。「やせてきれいになりたい」と願うあなたがまず取り組むべきは、対症療法的な「〇〇ダイエット」ではなく、**あなたの考えかたを「やせメンタル」に変えること**です。

それがいちばん難しいと思いますか？

いえ、とても簡単で、シンプルです。

僕がレッスンで取り入れている「演技メソッド」を使えば。

## 「やせメンタル」は日常の中に浸透し、気がつけば、あなた自身が変わっている

はじめまして、僕は演技指導師の鰐渕将市です。

これまでに、演技指導師として12年間活動し、3000人以上の女優、俳優の方々と一緒に仕事をしてきました。演出や出演などの仕事を通じて、映画「永遠の0」「ドラゴンクエスト」「亜人」、テレビドラマ「あなたの番です」「おっさんずラブ」など多くの作品に関わっています。

また、国家資格であるあん摩マッサージ指圧師の資格を取得し、映画の撮影現場でさまざまな女優、俳優の身体ケアをしてきました。そして、その現場で学んだことを通じて、きれいな歩きかた、きれいな所作を研究し、演技指導につなげていく活動をしています。

僕はこの本で、「やせメンタル」のつくりかたについてお話しします。

**きれいな女優たちは、みんなこの、やせメンタルを持っています。**彼女たちが美しさをキープし続けられる理由は、まさにそこにあるのです。

では、やせメンタルとは何か。

文字どおり「やせる」ための「メンタル＝心」なのですが、詳しく説明しましょう。

たとえば女優は、つねに頭の中に自分ではない誰かのイメージを持っています。そして、そのイメージと現実の姿を一致させるために、「なりきる」という演技スキルを使います。美しい女性になったり、悪女になったりと、恋する少女になったり、**メンタルを役柄に応じて変えることができる**のです。

その結果、美しい女性になりきった女優は「締めのスイーツ」を食べないメンタルを獲得します。食べることよりも、より美しくなることを「自分へのご褒美♥」として選ぶようになります。

また、きれいな女優に背中を丸めてのそのそ歩く人はいません。背筋をシャンと伸ばして体に軸を通し、堂々と歩く。それは自信につながり、内面の美しさとなります。

さらに、きれいな女優は顔やスタイルだけでなく所作も美しく華を感じさせますが、これは動作の一つひとつに、その軸となる筋肉を意識して動いているからです。すると筋肉をしっかり使うようになり、代謝が向上して太らない体になっていきます。

こうした「やせメンタル」を女優たちは持っていて、毎日の習慣として落とし込んでいます。つまり、**あなたがダイエットとして認識していることを、彼女たちは、やせメンタルによって、日常生活の中で自然にコントロールしている**のです。だから続けられるし、リバウンドもしません。

まさに、**最強のダイエット法です。**

「それは彼女たちが特別だからでしょ。私にはとても無理」

そう思いますか？

僕はプロの女優や俳優の方たちも大勢指導させていただいておりますが、役者の卵たちをレッスンするときは、とりわけ慎重におこないます。

最初はみんな、それぞれに魅力はあるものの、将来のスターになる片鱗（へんりん）は見せません。原石かどうかもわかりません。

でも、演技レッスンを続けていくうちに、ほとんどの人が輝き始めます。

少し太めだった子も、姿勢が悪かった人も、見違えるようにスタイルがよくなり、美しくなっていく。華やかな雰囲気をまとい始めます。

## やせメンタルを獲得し3カ月で15キロやせた女性のエピソード

あるレッスン生の話をしましょう。

**たった3カ月で15キロも体重を落とした、40代の女性のエピソード**です。

中学生のときに、大好きだった男の子に「あっち行けよ、デブ」と言われ、トラウマを植えつけられた彼女は、それ以来ずっとデブキャラとして生きてきました。

自分の体形で自虐的に笑いをとり、みんなに好かれる人気者だったけれど、本当はそんな自分が心底嫌いだった。

密かに挑み続けた、ダイエットの数々。りんごダイエット、置き換えダイエット、数日間液体しか口にしないダイエット……ありとあらゆるダイエットに挑みました。

すぐに効果は出る。簡単にやせる。うれしくて無理をする。もっとやせる。

ところが、目標に近づいた瞬間に緊張の糸が切れて、リバウンドしてしまう。

そんなことを繰り返していたころに、彼女は僕のクラスの生徒となり、みるみるやせてきれいになっていったのです。

僕がおこなったのは、演技と姿勢を改善する指導で、ダイエット指導ではありません。でも、彼女は自主的に筋トレとストレッチ、食事制限に取り組みました。すると、**単にやせただけでなく、表情は生き生きとし、声には張りが出て、自信に満ちた美しい人**になっていきました。

しかし、僕がいちばん驚いたのは、ストイックな取り組みが苦ではなく、むしろ楽しかったとすら、彼女が言ってのけたことです。もはやそれは、ごく普通に続けている生活の一部だと。

そう、彼女は**演技レッスンを通じて、きれいな女優たちが持っているやせメンタルを獲得した**のです!

この本では、たくさんの女優や俳優、そし

てその卵たちに向けられた演技メソッドを、ダイエット向きに応用して紹介していま す。

いわゆるダイエット本ではありません。いままでのダイエットの概念を変える本だからこそ、書店にあふれる「〇〇ダイエット」を読む前に読んでほしい本です。

第1章では**「イメージのつくりかた」**を中心に紹介しています。僕の提案する演技メソッドでは、「なりきる」ことを大切にしています。憧れの姿をイメージし、「なりきる」ことは、自分を解放し、前向きにさせ、自信を持たせてくれます。

第2章では、**「食欲との闘い」**をテーマにしました。この章がもっとも、あの憎き「でぶメンタル」を撃退し、やせメンタルにあなたを導いてくれるでしょう。

第3章は、**「表情と声」**のメソッドです。人の印象は、表情と声でつくられます。最短距離で、いち早く「きれい」になるためには、やせるだけでなく、表情と声を美しくみがくことです。それは、あなたに明るさと華やかさをもたらします。

そして第4章では、**「リバウンドしないために」**をテーマにしました。

**いちばん大切なのは、楽しむこと。**

人からキラキラして見える人とは、いつも好奇心を持ち、つねにわくわくしている人です。そのために、どのように楽しんでいけばいいのかをわかりやすく示す「わくわくPOINT」をすべてのメソッドに取り入れています。

順序立ててはいますが、あなたのわくわくする章から試していただいて構いません。

ここでひとつ、次のページをめくるあなたにメッセージを。

あなたのダイエットの最終目的を「やせること！」「マイナス○○キロ」ではなく、「きれいになったね」と誰かに言ってもらうことにしませんか？

そのわくわく感があなたをみがき上げ、美しくさせるでしょう。

さあ、準備はいいですか？

# 「やせメンタル」で私たちもやせました！

CASE 01　村尾珠果さん　21歳　身長166cm

2週間、やせメンタルのメソッドを試していただき、体重とウエストサイズの変化を測定しました。効果絶大です！

## でぶメンタルは、「ラクしたい気持ち」の表れでした

私は女優を志していて、エキストラとして映画やドラマ撮影に参加することがあります。ところが、映像だと実際よりも太って見えることもあり、画面を通して自分の姿を見るたびに、「ああ、やせなきゃ……」とコンプレックスを募らせていました。

そこで思い立ってジョギングや筋トレを始めるものの、たいてい1カ月も経つと飽きてしまい、なかなか続きません。

その点、やせメンタルのメソッドは、生活の中に無理なく取り入れられますよね。

とくに、トップモデルになりきって歩く「背筋(せすじ)ウォーク」（30ページ）は、ただ駅まで歩くだけの時間がダイエットにあてられ、楽しみながら取り組めました。

モデルのように背筋を伸ばし、腰を高く上げるように歩く。たったそれだけのことで、いままでとまったく違う筋肉が働き、代謝が上がる実感を得られたんです。

最初は「見られている」ことを意識して歩いていたのが、だんだん「私を見てほしい！」という意識に変わっていったのは、自分でもおもしろかったですね。

こうして少しずつやせメンタルが身につき始めると、食事の量や内容も自然に意識するようになります。

「空腹グラフ」（86ページ）で自分の空腹具合を客観視できるようになったことも大きくて、なんとなく「お腹すいたなぁ」くらいでは食べなくなりました。その意識の変化は食生活にも表れました。

たとえば朝食はそれまで、レーズンパンなどで簡単に済ませていたのですが、栄養バランスを考えて和食に変えました。

毎朝ごはんを炊いて、おみそ汁や漬け物と一緒に食べる。すると、ずっと悩まされていた便秘が解消したり、料理をするのが楽しくなったり、さまざまな面で自分が変わっていくのがわかりました。おかげで生活に張りが出て、朝からポジティブな気持ちで1日を始められるようになったのは大きな変化です。

「ウソの食欲」（78ページ）で甘いものを我慢できるようになったかわりに、あまり食べることのなかったフルーツを口にする機会が増えたのも、コンディショニングに役立っているはずです。ケーキやチョコレートを控えて、フルーツの酵素を摂るようになったことで、体が内側からもきれいになっている感覚があります。

いま振り返ってみると、でぶメンタルというのは「ラクしたい」という気持ちの表れだったように思います。

それが少しずつやせメンタルに変わると、さらに欲が出てきて美容面でも手間を惜しまなくなりました。宝の持ち腐れだった美顔器を引っ張り出してきて、毎日欠かさず肌のケアをするようになったことで、なんだか化粧ノリがよくなった気がします。

いまは体もすっきり、軽く感じます。

鰐渕先生からひと言

**「でぶメンタル＝ラクしたい気持ち」と気づいたことが「きれい」への第一歩！**

# きれいな女優がやっている やせメンタルのつくりかた　目次



## 第1章　なりたい自分をイメージする

# 第2章　食欲をコントロールする

## 第3章 表情や声で感情をコントロールする

## 第4章 リバウンドしないために

# 第1章

# なりたい自分をイメージする

やせメンタルづくりには、“なりたい自分”をイメージすることが欠かせません。やせた姿だけでなく、やせたことで自分がどうなりたいのかを想像する。そのわくわく感が、やせメンタルへの第一歩です！

やせメンタルのつくりかた

01

「いまの自分」と向き合い
1カ月後をイメージする

鏡に向かって
つぶやこう！
「大丈夫！
これがいちばん
ぽっちゃりな私！」

演じる役が決まると、必ず女優がやることがあります。それは「日常の中で、演じる役をイメージして動くこと」です。

役柄をつねに頭の中で具体的にイメージし、どう演じるかを考える。しかし、それだけでは不充分です。なぜなら、いまの自分がどのような状態にあるかによって、求められる演技が変わってくるからです。**大切なのは、「いまの自分に気づくこと」。**

そのための重要なツールが、「鏡」です。

鏡に映っているのは、ありのままの自分の姿です。

体は引き締まっているか？　背筋は伸びているか、それとも猫背か？　表情は明るいか、あるいは暗いか？　など自問自答して、いまの体の状態を理解します。

そこから、登場人物になりきるために、想像力を働かせていきます。その人物が美女だったら、それにふさわしい美しい姿勢に変えますし、人を魅了するような微笑みをつくります。そして、時間をかけてスタイルもその人物へと変化させていくのです。

**自分とは違う人になりきるための鏡、僕はこれを「なりきりミラー」と呼んでいます。**

このなりきりミラーは、やせメンタルづくりにも応用できます。

まずは1日に1回、鏡の前に立って全身を確認してください。ほんの1分間で構いませんので、できるだけ体のラインが見える服で、鏡の前に立つ。


鏡は、あなたに何を語りかけてきますか？

ぽっこりと突き出たお腹や、全身を覆うお肉、二重になったあごのライン……。

この**「鏡に映った自分」から目をそらしてしまいたいと思う心理こそがでぶメンタル。**見て見ぬ振りをしているあいだに、お肉は着々と蓄えられていたのです。


やせメンタルの扉を開いたあなたは、鏡に向かって、こうつぶやいてください。

**「大丈夫！　これがいちばんぽっちゃりな私！　ここからはやせるだけ！」**

そう、ダイエットすると決めた以上、これからの人生でいまがもっとも太っている状態のはず。あとはやせるだけ。

そして、鏡の前であなたが理想とする姿を具体的に想像してみてください。

いまの自分のどこが好きじゃないのか？

誰みたいになりたいのか？

モデルでも女優でも、誰でも構いません。**鏡の前でその人になりきってみる**のです。ポーズだけでもその人の真似をして、鏡に映してみましょう。

それから、１カ月後の姿を想像してみてください。鏡の前で同じポーズを取っている自分が、すらりと美しくなっている様子を。

口角を上げて表情をつくる。顔から全身へ、まるで変身していくように、なりたい自分が広がっていく。**具体的に想像を広げていくほど、わくわくが止まりません。**

すると、あら不思議！　いつもならつい手が伸びるスナック菓子の袋も「これは明日の自分のために残しておこう」となるでしょう！　それこそが、やせメンタルです。

わくわく
POINT

**顔から全身に「なりたい自分」が広がっていくわくわく感を感じよう！**

やせメンタルのつくりかた
02

筋肉を意識し
所作を美しく見せる

# 背中、お腹、ヒップライン、「体スイッチ」で集中的に引き締めたいところをさわれ！

映画やドラマで目にする女優の所作は、なぜあれほどきれいなのでしょうか？じつはそこにも、イメージの力が働いています。彼女たちは頭の中にある役のイメージを忠実に体現しているからこそ、歩く姿ひとつをとっても美しく映えるのです。

そう、**イメージを体現できる人は、やせメンタルの持ち主**なのです。

一方、歩く姿や立ち姿はもちろん、物を取るなどの日常動作がどうもきれいに見えない人は、でぶメンタルの持ち主かもしれません。そうした違いを生んでいるのは、ずばり、**体のそれぞれの部位を意識しているかどうか**です。

たとえば、何も考えずにただ歩くのと、背筋を伸ばして上体のバランスを取り、足の動きに合わせて腰をひねりながら歩くのとでは、与える印象がまるで異なります。体を躍動させ、全身のパーツを無駄なく動かせる動作は、シャープで美しい印象を与えるものなのです。

そのために僕は、**「体スイッチ」というメソッドを演技指導で重視**しています。

「体スイッチ」のやりかたは、とても簡単で、**動かしたい筋肉をさわるだけ。**

試しに、その場で椅子に座ったまま、両手をヒップに当ててみてください。そして、そのまま立ち上がってみます。すると、ほとんど意識することのなかったヒップの大臀筋（だいでんきん）が躍動するのを実感できるはず。

こうして筋肉の動きを脳で意識し、感じると、筋肉が目覚めて活発に動くようになります。動作にもメリハリが生まれ、所作が美しく見えるようになります。

これが**「体スイッチ」がオンになっている状態**です。

女優の動作の美しさの秘密は、体スイッチがオンになっているからなのです。

また、筋肉が充分に働けば、血流が促されて代謝が上がるため、ヒップアップ効果も期待できます。つまり、さわることでその部分のスイッチをオンにし、筋肉を活性化させると、**所作を美しく見せるだけでなく、ダイエット効果も見込める**という、ひと粒で二度おいしいメソッドなのです。

このメソッドは全身のあらゆる部位に応用できるので、ぜひ試してみてください。

たとえば、座ったときに腰の筋肉をさわると、スーッと背中が伸びていくことが実感できるでしょう。これは、その部位の筋肉を使って動かせている、すなわちスイッチをオンにできたということです。腹筋運動をするときも、手でお腹をさわりながらおこなえば、腹筋を集中的に鍛えて引き締めることができます。

筋肉は、目を背けるとサボってしまう怠け者。

気になる部位の筋肉に意識を向けて、ピンポイントで活発化させれば、気になる部分を引き締める「部分やせ」も夢ではありません。何より、その瞬間からあなたの動作は美しく変わっているはずです。

体スイッチで、女性らしい体、美しい「レディーライン」を手に入れましょう。

**やせメンタルの持ち主とは、体の筋肉を一つひとつ意識できる人**なのです。

わくわく
POINT

**狙った筋肉が動き出し、姿勢がよくなりウエストも締まり、肩こりも解消！**

トップモデルになりきる！

# 「背筋(せすじ)ウォーク」でモデル歩きを完コピせよ

映画や舞台のオーディションでは、「扉を開けたその瞬間に合否が決まる」とよく言われます。なぜなら、扉を開けて、一礼して入室する短い動作の中に、その人の内面を示す材料がたくさん詰まっているからです。

たとえば万全の準備を積んできた人は、やはり自信に満ちあふれているもので、ちょっとした動作にも華を感じさせます。

逆に、下を向いていたり、縮こまって猫背になっていたりすると、見た目にもわかりやすい「私、自信ありません……」というサインが出てしまいます。

ネガティブな気持ちのまま人目を避けるように縮こまっている人と、胸を張り、背筋をピンと伸ばして堂々と歩く人とでは、どちらが美しく見えると思いますか？

そう、**「人の見た目は、意識の持ちかたひとつで変わる」**もの。自分に自信を持つということは、その人の持つ美しさを際立たせるものなのです。

**自分に自信のある人は、より自分をみがき、やせメンタルを加速させていきます。**その反対に、自分に自信のないネガティブな人は、そんな自分にイライラが募り、気がつくと食欲で自分を満たそうとします。

たとえばランチのあとに、つい「食後のスイーツ」を求めてしまう。その後悔がさらなるイライラとなり、「別腹、別腹」と開き直って再び「食後のスイーツ」に手を出して……。ネガティブの暴走列車は、もう止まりません。

そんな悪しきスパイラルに陥ってしまうこと、あなたにもないですか？


この悪循環を断ち切るためには、自信を持つことがいちばん。

自信のある自分になりきる。きれいな自分になりきる。

その自信から、立つ、歩く、という日常動作を美しく演じられるようになり、ポジティブな気持ちが循環し始めます。


**自信が、きれいなあなたを作り出す。これこそが、やせメンタルです。**


自分に自信を持つなんて、絶対に無理？

ならば、もっとも重要なポイントをお話ししましょう。

**それが「背筋」です。**

背中を丸めていると、体がたるみ、太った体形に見えてしまいます。

顔立ちや身長などの生まれ持ったものと異なり、背筋は心がけひとつでピンと伸ばすことができる、誰もがいますぐ変身できるパーツなのです。

これをさらに進め、実際にメソッドとして僕がレッスンに取り入れているのが、**「背筋ウォーク」**です。

まずはイメージを固めましょう。ランウェイを颯爽（さっそう）と歩くトップモデルを頭に思い浮かべてみてください。YouTubeなどで映像をチェックするのもおすすめです。

そして、彼女になりきったつもりで街を歩いてみましょう。背筋をピンと伸ばし、大きく胸を張り、視線は堂々と前へ。一つひとつ意識することが大切です。背筋を伸ばすときは、背中をさわって「体スイッチ」（26ページ）をオンにして。

するとおもしろいもので、動作の一つひとつが自然と変化します。

膝（ひざ）の曲げかた。足の着地。腰のひねり。

頭の中で**「私はトップモデルだ」と思い込む**ほど、動きのすべてがモデルのようにダイナミックなフォームになるのが実感できるでしょう。

**背筋を伸ばすと目線が上がり、体に一本の軸が通ります。手足の先まで神経**

**が行き渡り、しっかりと体を使えている感覚が得られます。**

最初は少しつらいかもしれませんが、続けているうちに筋力がついて、自然にできるようになります。

気がつけばあなたは、いつの間にか自信がみなぎっていることを自覚するでしょう。通りすがりのウィンドウに映る自分は、もはや別人に見えるに違いありません。

実際にレッスン生たちにこの方法をレクチャーすると、誰もが初日から見違えるようにきれいなシルエットに変化します。

そして、鏡に映る自分の変化が自覚できるから、**表情も明るくなり、華やかなオーラをまとうようになる。これこそが「背筋ウォーク」の効果**です。

また、モデルのように腰を上げて歩くように意識すると、脚の可動域が広がります。動作が大きくなれば、それだけ筋肉の運動量が上がり、代謝もアップします。

つまり、「背筋ウォーク」とは、背筋を意識するだけで、あなたをより美しく輝かせ、しかも日常生活で消費するエネルギー量を増やすことができる歩きかたなのです。

最後にひとつ、演技に関わる人間だけが知っている「魔法」を教えますね。「背筋ウォーク」を実践することで、日ごろはほとんど意識することのない「光の当たりかた」もまた、大きく変化します。

人の顔や表情は、光の当たる角度によってまったく印象が変わるもの。仕事帰りの電車の中で、ふと窓に映った自分に愕然（がくぜん）とした経験はありませんか？　疲れきって見えたり、老け込んで見えたり、「え、私ってこんな顔だったの!?」とびっくり――。

これも、角度と照明の問題です。

逆に言えば、**「光の魔法」で、人の顔は若々しくも見える**ということです。

そのためには、しっかり胸を張り、背筋を伸ばして歩くこと。「背筋ウォーク」と「光の魔法」で、ネガティブな印象を消してしまいましょう。

わくわく
POINT

**背筋が変われば一瞬で印象が変わり**
**光の魔法で若々しく見える！**

やせメンタルのつくりかた

04

## 目指す楽しい未来を口に出す

「夏までに5キロ落として、ビキニを着よう。そして憧れのあの人を夏休みに海へ誘う。抜けるような青空の下で、『スタイルいいね』って言われたい……！」

と超具体的に言葉にする！

誰でも、憧れのスタイルになるために目標の設定をしますよね。
しかし、**立てた目標をただ頭の中に置いておくだけでは、何も変わりません。**

「夏までにやせたい」という目標を立てたのに、ぐずぐずしているうちに気がつけば夏になってしまい、「来年こそは……」と目標を先送りしてしまうようなことが、きっとあなたにもあるでしょう。

でも、**あなたがやせメンタルになれば、その悩みは解決します！**

演技のレッスンでは、自分のイメージを体現するために、目の前に広がっているという設定の風景や自分の感情などを、言葉にしてみる手法がよく使われます。
たとえば演じるシーンの舞台が、都会の雑踏の中であった場合。
ひと口に都会といっても、渋谷と大阪では街の雰囲気が大きく異なるため、ただ「都会」という言葉を頭に入れておくだけでは、リアルな演技はできません。

周囲を囲んでいるのはどのような風景なのか？

駅前なのか、繁華街なのか、それともオフィス街なのか？

その都会の中で、登場人物はどう感じているのか？


その舞台を構成する要素を、ひとつずつ具体的にイメージし、実際に口に出してみます。すると、それまでなんとなく見えていた風景が、細部までどんどん具体化していきます。これを僕は**「演技実況中継」**と名づけました。

このメソッドは、ダイエットにおいても大きな効果を発揮します。


あなたはどのくらいやせたいのか？

やせたあと、どうなりたいのか？

理想の体形を手に入れてからでなければできないことは何か？

こうしてポイントを掘り下げ、具体化した目標を口に出してみることで、目指すべきイメージが明確になります。

たとえば、誰もが考える「夏までに5キロ落として、水着を着て海へ行きたい」。

そこから、もっと具体的にしていきましょう。

どんな水着を着るのか、どこの海へ行くのか、誰と行くのか、そこでどんな言葉をかけられたいのか――、できるだけ細かく設定し、言葉にしましょう。

**「夏までに5キロ落として、ビキニを着よう。そして憧れのあの人を夏休みに海へ誘う。抜けるような青空の下で、『スタイルいいね』って言われたい……！」**

そんなリアルな目標を言葉にすれば、願うばかりで何も行動を起こさないでぶメンタルは撃退され、やせメンタルへの第一歩が始まります。

ただ「やせたい」と思うだけではなく、**やせたあとにどのような世界が待っているのか、目標を具体化することが、やせメンタル**なのです。

わくわく
POINT

**前向きな言葉で目標を具体的にするほど、明るい未来が近づく！**

やせメンタルのつくりかた

05

数値に振り回されない目標を立てる

# 夢は大きく、10キロ減！
# 最初の目標は「ちょっとやせた？」と言われること！

女優志望の人というのは、たいてい映画やドラマで見た大女優に憧れ、自分もそうなることを目指して演技の世界へ飛び込んできます。しかし、当たり前のことですが、第一線で活躍できる女優になるには、経験と実績が必要です。

もし「3年以内に朝ドラ主演女優になる！」と目標を立てたとしても、何度もオーディションを受けて、実力不足の自分にがっかりする1年目。映画やテレビ、舞台に立っても注目されずに悩む2年目。そして3年目には、それがいかに遠い目標だったかを思い知らされ、違う道を探してしまう人もいます。

大切なのは、**目標を〝がんばれば手が届く範囲〟に設定すること**です。

そこで僕がレッスン生たちにすすめているのが**「褒められワード」**のメソッドです。

自分のお芝居を見た人に「どんな言葉を言われたいか」を決める。それは「いまの演技、よかったよ」でもいいし、「役を自分のものにしていたね」でも構いません。欲しい言葉を決めて、そう言ってもらうことを第一歩にするのです。

ダイエットも同じです。

夢は大きければ大きいほどいいのは事実ですが、本当のやせメンタルの持ち主とは、実現可能な小さな目標を立てるもの。

たとえば、「10キロやせるぞ！」と大きな目標を掲げたとしても、実現するためには、かなりの強い意志と、継続する根気が必要です。もし達成できなかったら、そんな自分にイライラが募るばかり。

夢は大きく「10キロ減！」でもいい。でも、まずは「褒められワード」を決めて、それを誰か1人に言われることを最初の目標にしてみましょう。

たとえば、**「ちょっとやせた？」**なんていかがでしょう？

これなら変化しない数値にイライラすることなく、前向きな気持ちを維持したまま、食事の量を減らしたり、軽い運動に取り組んだりすることを続けられます。

この本で大切にしているのは、体重を落とすことだけではありません。

**数値に左右されない心を持ち、きれいになることを目指す。**

**それが、やせメンタルです。**

このメンタルを手に入れることは、リバウンドに対する心構えにもなります。

仮に最初の数週間で２～３キロのダイエットに成功したとしても、それまでの生活習慣との落差を考えれば、どこかで一時的にリバウンドしてしまうかもしれない。

そんなときでも、数値ではなく「きれいになったねと言われる」を目標にすれば、昨日、今日の体重の増減に一喜一憂することもなくなります。

きれいへの道も一歩から。

やせメンタルを手に入れることで、**いままで遠い未来の自分ばかり見ていたあなたが、身近な自分の成長を発見できるようになる**のです。

わくわく
POINT

**数値に振り回されない解放感と「やせた」と言われるわくわく感！**

気になる部分を
正しく知る

# 自分の体のレッドゾーンを赤く塗れ！

女優として活躍するためには、演技力だけでなく、体づくりが欠かせません。

テレビ画面やスクリーンで映えるのは、やはり美しいボディーラインです。

そこで僕は、女優志望者たちに対して最初に、自分が目指す理想のスタイルと、いまの自分のスタイルとの〝ギャップ〟を明らかにさせることを徹底しています。


ここでいうギャップとは、体のたるみです。

**姿勢が悪いところから筋肉は硬くなり、たるんで脂肪がついていきます。**

理想のスタイルを手に入れるために、おもにどこからやせたいのか、もちろんあなたも考えたことがあるでしょう。


二の腕の肉づきが気になる。

もう少し小顔になりたい。

最近お腹が出てきた気がする。

「ここの肉さえ落ちれば……」と具体的な意識を持つだけでも、その部位の筋肉が活性化し、さらに筋肉をさわると「体スイッチ」（26ページ）がオンになります。

そこで、左のイラストを使って、自分がとくに気になっている部位、重点的にやせたい部位を赤ペンで塗りつぶしてみてください。

二の腕やお腹、お尻など、赤く塗られたポイントこそが、あなたの**「レッドゾーン」**です。

ただ漠然と「やせたい！」と考えるより、「お腹の脂肪を落としたい」「ヒップをもっと引き締めたい」と、**ピンポイントな目標を持っている人ほど、効果は早く出ます。これも、やせメンタルです。**

脂肪が燃える様子をイメージしながら、気になる部位を赤く塗っていきましょう。

わくわく
POINT

**レッドゾーンを可視化することで自分の課題を強く意識できる！**

自分の体の気になる部分を
赤色で塗ってみましょう。

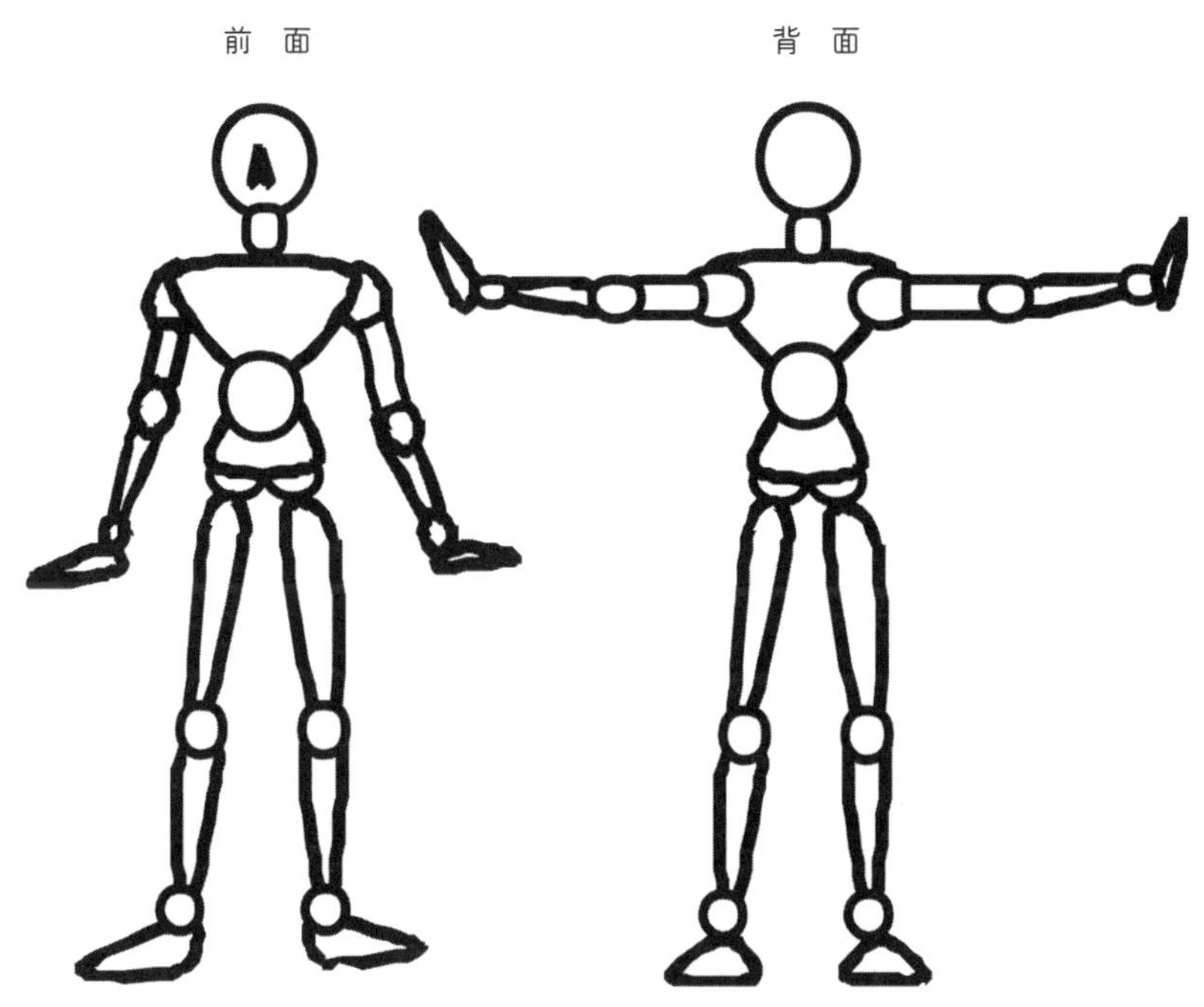

やせメンタルのつくりかた

07

キャッチフレーズで未来を先取り

# 超ヤバい！いまが自分史上、いちばんぽっちゃり！

「なりたい自分」のイメージづくりもだいぶ固まってきましたか？

そうしたら、自分に**「キャッチフレーズ」**をつけてみましょう。これは女優が、演じるキャラクターを自分のものにするために用いる手法でもあります。

たとえば、ある人物を演じる際に、「背は高く、体形はグラマーで、全体的に妖しい雰囲気を持っていて……」と特徴をひとつずつ追っていくよりも、「誰もが見とれる妖艶な雰囲気の女」と端的に表現したほうが、イメージが意識に染み込み、その人物に自然と引き寄せられていくものです。

これをやせメンタルづくりに置き換えてみた場合、次のようなキャッチフレーズが有効なのではないでしょうか。

**「超ヤバい！　いまが自分史上、いちばんぽっちゃり！」**
**「あの服が超似合うくびれボディーー！」**
**「2サイズダウンで彼氏ができた！」**

**コツは、「理想の未来」を先取りしたフレーズをつける**こと。

それにより自分にエンジンをかけ、モチベーションの原動力とするのです。

「超ヤバい！　いまが自分史上、いちばんぽっちゃり！」であれば、「ここがスタート地点、あとは体重が減っていくだけ！」というプラスの考えかたになります。

少し気持ちがラクになりませんか？

イライラしないで楽しくやせられることは、大切なやせメンタルです。

そうして1カ月後に振り返ってみたときに、「あのころはもう少しウエストがキツかったな」と実感し、さらにダイエットへのやる気がかきたてられるかもしれません。

逆に「あの服が超似合うくびれボディー！」や「2サイズダウンで彼氏ができた！」は、明確な明るい未来を「すでに手にした私」で生きることで、さらに目標に近づきます。

やせメンタルを手に入れるには、目標達成に向け、やるべきことを意識に植えつけることが何よりも大切です。

なんとなく「やせなきゃ」と願い、反省もするけれど、意識の中に「なりたい自分」が具体的に根づいていないため、行動が伴わない人。そんな、未来を具体的に描くことができない人が、でぶメンタルの持ち主というわけですね。

映画の予告でも、「おもしろそうだな」と思わせる作品は、上手なキャッチフレーズで観る人の気持ちをかきたてているものです。

やせメンタルな人とは、**自分の前向きな気持ちをあおり、目標への原動力となるようなキャッチフレーズを持っている人のこと**なのです。

わくわく
POINT

**キャッチフレーズをつけることで「なりたい自分」が明確になる！**

やせるための方法をたくさん用意しておく

# ダイエット法をとにかく20個リストアップする！

女優を目指すなら、目標となるお手本をイメージすることは大切です。

これまで多くのレッスン生と接してきた経験からしても、ただ「女優になりたい」と漠然と考える人よりも、「〇〇さんのような女優になりたい」と考える人のほうが、成長スピードは速いものです。

ただし、目標となる女優がいるとしても、具体的に彼女のどんな部分に憧れているのか、ちゃんと分析できている人はほとんどいません。

「ルックスが好みだから」とか「雰囲気が好き」といった言葉は出てきても、具体的にその女優のどこに惹（ひ）かれているのかをきちんと説明できません。つまり、イメージがしっかりと固まっていないのです。

そこで僕は、**「キーワードボックス」**というメソッドを考えました。

まずは、20のマス目が書かれたシートを用意。そのすべてのマス目を、憧れの女優の特徴を表すキーワードで15分以内に埋めていくトレーニングをおこないます。

最初のうちは、ぽんぽんと調子よく埋めることができても、10個を超えたあたりからスピードが落ちていき、結局、時間内にマス目を埋められない人が続出します。

そこから、改めて自分がその女優のどこに惹かれているのかを深く考察して、目指すイメージをより具体化させていくわけですね。


この「キーワードボックス」という手法をやせメンタルづくりに応用しましょう。

ダイエットに取り組む意識を養うために、ダイエット法を思いつくまま20個、書き出してみてください。食事制限、糖質制限、ジョギング、ジム通い、禁酒……などなど、なんでも構いません。あなたがダイエットに励むうえで考えられる選択肢を、片っ端からリストアップしていきます。


20個そろったところで、改めて書き出したシートを眺めてみましょう。

そして、考えてみてください。

**「自分には、やせるためにこんなにもたくさんの方法があるんだ」**、と。

いかがでしょう。目の前にダイエット法がたくさん広がっていることを、とても心強く感じませんか？**「これだけ方法があるなら、自分でもきっとやせられる」**という気持ちになるでしょう。

また、ダイエットとは何よりマンネリとの闘いでもあります。「りんごばかり食べるのは、もううんざり！」「炭水化物をとらないようにしていたけど、普通にごはん食べたい！」など、どこかで必ず壁にぶつかる瞬間があるはず。そんなときは、20個あるダイエット法を日替わりにしたり、週替わりにしたりして、どれが自分に合った方法かゲーム感覚で見つけてみましょう。

**やせメンタルの持ち主とは、本当に自分の体に合った、具体的な方法を見つけられる人**なのです。

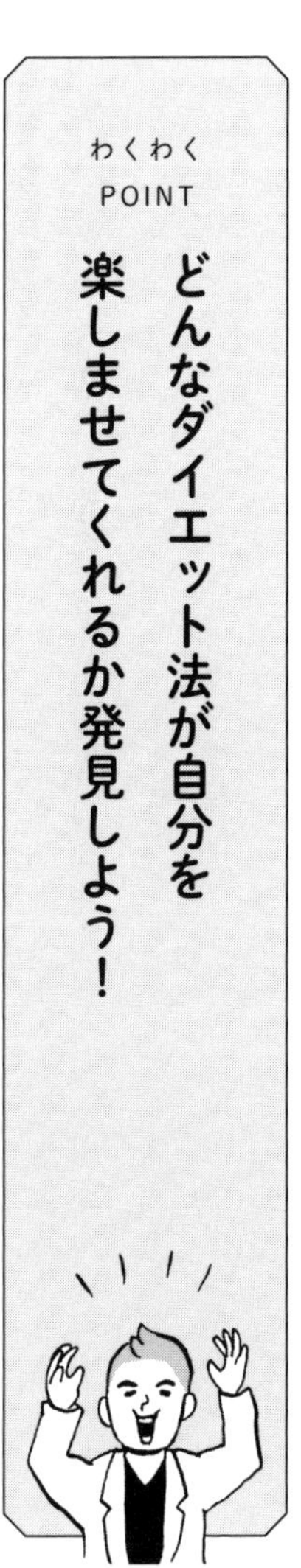

自分に甘く！
ダメなところから目を背ける

# 間食してしまったら「今日は1回しか間食しなかった」と書く

演技の指導をしていると、ときに指導やアドバイスが逆効果になってしまうことがあります。たとえば、「もうちょっとセリフをはっきりとしゃべって」とか、「〇〇さんは滑舌(かつぜつ)が課題だね」などと伝えると、本人がうまくしゃべろうと意識しすぎてしまい、かえって不自然な演技になって、自信を失ってしまうのです。

もちろん、ダメな部分を指摘するのは、向上するために必要なことです。短所をひとつずつなくしていけば、長所はより際立つでしょう。

でも、それが逆効果になってしまうケースがあることを知っておくのも、指導者の務め。**ダメな部分を意識することから始めると、自分の才能に疑問を持ったり、モチベーションを失ってしまったりすることだってある**かもしれません。

ダイエットにも、これとよく似た現象が起こります。

たとえば、やせるために間食をやめ、毎朝のジョギングを習慣にした場合。

その生活を順調に続けられているうちはいいのですが、ついお菓子を食べてしまったり、寝坊してジョギングをサボったりすると、そのたびに自己嫌悪に陥ります。

それが重なると、やがては「自分はやっぱりダメなんだ」「こんな私がやせられるわけがない」とネガティブになり、でぶメンタルの悪循環へまっしぐら。**いちばんいけないのは、「自分が嫌い」という状態に陥ってしまうこと**です。

だから僕は、あえてこう言います。

**自分のダメな部分から目を背け、小さな魅力を見つけましょう。**

**やせメンタルとは、自分を好きになることから始める心のトレーニング**です。短所に目を向けるよりも、長所を見つけて気分を上げる。それは結果的に、ダイエットの原動力になるはずです。

もしダイエットに行き詰まったら、自分がこれまでやれたこと、取り組みや姿勢のいいところを、紙やスマホなどに書き出してみてください。

うっかり間食をしてしまったことを責めるのではなく、「今週は1回しか間食をしなかった」と書く。ランチのあとでスイーツを食べたことを悔いるのではなく、「ずっと我慢してきたから、久々に自分にご褒美(ほうび)をあげた」と書く。

太っている現状を嘆くのではなく、「ダイエットをする気持ちになった、ポジティブな自分」を褒めてあげる。それはつまり「自分の好きなところ」を見つける作業でもあります。

ダイエットも演技と同じで、自分をいかに〝盛り上げる、高揚させる、気分をアゲる〟かが大切。

自分に厳しく、ストイックにがんばるのもいいですが、それで思うような結果が出ないのであれば、視点を変えて自分を褒めてあげましょう。

やせメンタルとは、ライトの当たらない場所ばかりを見つめるのでなく、**自分の魅力に光を当てるメンタル**なのです。

わくわく
POINT

**自分を褒めることで、メンタルが変わり体が大きく動く！　代謝もアップ！**

「きれいな人」の人生を
まるごと自分のものにする

# 「バックボーンづくり」で
# あなたの過去を
# 塗り替える！

女優たちは、「役づくり」という作業をおこなうことで、自分ではない登場人物になっていきます。自分とはまったく違う人生を歩んできた人間になるために、その人の性格や考えかたを自分の中に落とし込み、「なりきる」のです。

そこで僕は、**「バックボーンづくり」**というメソッドをレッスンに取り入れています。その人はどんな生きかたをしてきたのか？　どんな性格なのか？　どんな人たちに囲まれているのか？　その人が過ごしてきた人生を想像して、決めていくのです。

こうした台本に書かれていない背景こそが、俳優が自由に想像を広げることを許された場所。だから、みんな思いきり楽しんで考えます。

「もしかしたら、信頼していた人に裏切られて、性格がひん曲がっちゃったんじゃないか？」「純粋すぎて、告白できずに心にしまってある恋愛があるんじゃないか？」など、その過去、すなわち**「バックボーン」をつくることで、より深く「自分ではない自分」になっていくことができます。**

このメソッドは、やせメンタルづくりに応用できます。

いまあなたは、「きれいな人」という役を与えられました。

すらりとしたスタイルや美しいルックスだけでなく、ポジティブな考え方、品のよい立ち居振る舞い、明るい笑顔など、内面からも魅力がにじみ出ています。

さあ、この人のバックボーンをイメージしてみましょう。**できるだけ「きれい」につながるようなものがいい**ですね。

「子どものころから明るく人気者で、毎年のように学級委員を務めた」というバックボーンなら、姿勢がよく、ハキハキとしゃべって前向きな人になれそうですし、キビキビ動いて新陳代謝も上がりそうです。

「部活と受験勉強を両立させた努力家」なら、決めたことをしっかりやる熱血タイプですから、「夜8時以降は食べない」など、よい習慣を身につけるのにぴったり。

「おしゃれが大好きで、トレンドをさりげなく取り入れることを怠らない」というバックボーンをつくったのなら、ファッション誌をチェックして、ふさわしい格好をするようになるでしょう。**見た目が変われば、まわりがあなたを見る目も変わります。そうすれば、あなたも変わります。**

こうしてつくり上げた「きれいな人が送ってきたであろう人生」を、そのまま「自分のバックボーン」にしてしまいましょう。**あなたの過去を塗り替える**のです。

いままでのあなたは、自分の思いどおりにならないことにイライラして嘆いていたかもしれません。誰かをうらやましく思って、日々を過ごしていたかもしれません。

しかし、バックボーンづくりのメソッドを手に入れたあなたは、憧れの「きれいな人」になりきり、そのように行動していくことができます。行動が変われば、ライフスタイルが変わります。それはつまり、新しい自分になれるということです。

演技には、あなたが変わるきっかけを与えてくれる力があります。

**やせメンタルの持ち主とは、自分の決めたライフスタイルに自分を導ける人**です。

わくわく
POINT

**「なりたい自分」のバックボーンをつくり**
**自分をまるごと変身させて！**

## 自分の弱点を数値化する

「食事量」30点
「規則正しい生活」10点
「運動量」40点
「意志の力」50点……
すべてに点数をつける！

僕が演技で大切にしていることは、誰かに認められたいと思う前に、「まずは、自分が１００点を出せる自分になろう！」ということです。

もちろん、演出家や審査員に認められることは大切ですが、やりたい演技のイメージがしっかりつくり上げられていないと、褒められるための演技ばかりを求めてしまうことになります。**大切なのは、自分が納得できること。**

そこで有効なのが、自分の弱点を洗い出す作業です。

発声量が足りていない、表情による演技力が弱い、身体の表現力が乏しいなど、**満足できない自分を採点してみる**のです。

たとえば、現時点での発声量は50点、滑舌は50点、表情や身体表現は60点など、なるべく客観的に自分の苦手な部分を採点します。

これらをすべて80点まで引き上げることができれば、トータルな演技力は格段にレベルアップするでしょう。そのうえで、また１００点の高みを目指していく。

そうやって、自分を高める目標を数値で把握することができれば、行動がブレることはありません。あとは、点数を上げるために自分をみがいていくだけです。

これはダイエットも同じです。

なぜ、なかなかやせられないのか、なぜ、ダイエットが続かないのか、自分の弱点を採点してみてください。

間食や食べすぎがやめられないなら、「食事量」は30点。
不規則で深夜に飲み食いしがちなら、「規則正しい生活」は10点。
そもそも消費カロリーが少ないなら、「運動量」には40点。
ついまわりに流されてつられ食いをしてしまうなら、「意志の力」には50点を。
ほかにも、「朝食を抜いてしまう」「慢性的な睡眠不足」「体重計にのる習慣がない」など、さまざまな弱点があるはずです。それを見つけ出し、いまの自分を採点してみましょう。

そうして自己採点で明らかにした点数を、まず80点に伸ばすために、あと何点必要なのかを考える。

「運動量」が60点なら、「エレベーターではなく階段を使うことでプラス10点、ランチのときに遠くの店まで歩くことにしてプラスもう10点」。

目指す点数を決めることで、ゲーム感覚で楽しめるようにもなるはずです。

体重やウエストサイズだけでなく、**行動パターンや考えかたも数値化して、弱点を克服する。その思考が、やせメンタルです。**

ダイエットを続けるのも、挫折するのも、あなた次第。

ピンチになったヒーローが、いままで劣勢だった状況をいっぺんにひっくり返すように、あなたの生きかたを変えましょう。そのきっかけが、数値化することです。

わくわく
POINT

**食事量も運動量も、数値化すれば「やるべきこと」が明確になる！**

自分の願望を「使命」に変える

# やせる目的を「大切な人」に求めよ!

第1章のメソッドはこれで終わりです。

あなたの中に「なりたい自分」はしっかり宿りましたか？

それをより強く固めるために、とっておきのメソッドを紹介しましょう。**やせる目的を自分の願望にとどめるのではなく、「大切な人のため」と置き換えてみること**です。


ドラマや舞台などで、歴史上の人物を演じる女優の話を聞いていると、使命感を持ってその役を演じている人に出会うことがあります。

作品に対する責任だけでなく、「この人物のイメージを損なわせてはいけない」という、もうひとつの使命を背負って演技にあたっているのです。

この考えかたを、ダイエットに応用しましょう。


もし、ダイエットの目的が「ビキニが似合う体になりたい」だけであれば、たとえ成功できなくても、海へ行くのをあきらめたり、体のラインが見えにくい水着を選んだりすれば、ダイエットする必要はなくなります。こうなると、目先のお菓子を我慢する必要もなくなり、お腹まわりもふくよかになる一方。

**サボる口実を探すのが得意な人は、でぶメンタルの持ち主**です。

そんな人、あなたの身近にもいませんか？


こうしたでぶメンタルをやせメンタルに切り替える方法は、**「自分のため」ではなく「大切な人のため」とモチベーションの根っこを置き換えてみること**です。


一緒に海へ遊びに行く彼氏に、恥ずかしい思いをさせたくない。

次の合コンまでにもう少しスリムにならないと、誘ってくれた友だちに申し訳ない。

家族のためにも、いつまでも健康で長生きしなければ。


大切な人の視点にやせる理由を求めることで、使命感が湧いてきませんか？

人は自分のためとなるとつい気持ちを緩めてしまうことがあっても、大切な人のためなら、あきらめないでがんばれるものです。

たとえば先日、友人の女性が「クラス会があるからそれまでにやせる」と言っていました。いまの自分のスタイルが恥ずかしいのかと思ったら、自分に憧れてくれていた友だちをがっかりさせたくないんだそうです。また別の友人は、きれいなママでいるために、授業参観までにやせると言っていました。

これも「自分」ではなく、「大切な人」に視点が切り替わったからなのです。

**やせメンタルの持ち主とは、「やせたい」を「やせなければならない！」に置き換えられる人です。**視点を切り替える作業は、どこかゲーム感覚もあり、プレッシャーを感じずに楽しむことができます。

家族や友人、恋人など、あなたのまわりにいる大切な人の視点を借りて、やせメンタルを手に入れましょう。

わくわく
POINT

**大切な人の笑顔のためなら**
**きっときれいになれるよね！**

# 「やせメンタル」で私たちもやせやせました！

CASE 02　伊大知崇之さん　50歳　身長174cm

たった２週間で
体重
–3kg!
ウエスト
–7.5cm!

BEFORE
［体重］
68.6kg
［ウエスト］
87.5cm

AFTER
［体重］
65.6kg!
［ウエスト］
80cm!

参加者の中で最年長ながら、もっともやせメンタル効果が表れたのが、こちら。ウエストが引き締まり、ベスト体重になりました！

## 自然に食事の量が抑えられ、3キロ減を達成！

ここ数年、気になっていたのはお腹まわりです。

典型的なビール腹で、どうにか晩酌のビールは1本までに抑えているものの、50歳になっていよいよ体重が落ちなくなり、困り果てていました。

週に1度は仲間とフットサルをやっているのですが、私の場合、体重65キロ前後のときがもっとも動きやすいんです。

ところが、気がつけば68キロ超……。

体が重たく、動きが鈍っているせいか、捻挫などのケガも増えてきました。これではいけないと焦っていたところで教わったのが、やせメンタルのメソッドです。

どれもまんべんなく試してみましたが、気になる部位を意識するだけで、その部分の筋肉が働き始めるという「体スイッチ」（26ページ）は、自分の中で大きな発見でした。
最初は狙った部分の筋肉を思うように動かせなくても、続けていると次第に力が入るようになり、引き締まっていく感覚が得られました。

また、とくに自分に合っていたのは「キーワードボックス」（52ページ）のメソッドです。無理なく取り組めそうなダイエット法を、思いつくまま20個書き出すというもので、「ジョギング」や「腹筋」「ストレッチ」などの運動面から、「食事制限」や「休肝日をつくる」といった生活習慣まで、たくさんのダイエット法を並べてみるだけで、非常に心強く感じられたものです。
「これだけあれば、自分に合った方法がきっと見つかる」とリストを見るだけで自信が湧いて、ダイエットに前向きになれました。そのリストは、いまでもお守りのようにときどき眺めています。

食事の際にものをゆっくり、上品に食べる「セレブ食べ」（98ページ）のメソッドも、予想以上の効果が得られました。好物やおいしいものは、どうしてもがっつきたくなりますが、お金持ちの美食家になったつもりで食事と向き合うと、食べすぎることがありません。食べ慣れたものでも、一つひとつの食材との付き合い方が変わり、なんだか食卓が新鮮に感じられたのもよかったですね。

最初は食事の量を抑えることに自信がなかったのですが、こうしてやせメンタルが身についていくと、自然と適切な量にとどめられるようになりました。その結果、2週間で3キロも体重が落ちたことに、自分でもびっくりしています。

体が軽くなったことで運動する意欲がいっそう高まり、最近は仲間と集まることができなくても、ひとりでボールを蹴ってトレーニングするようになりました。

ぜひ引き続き、ほかのメソッドにも挑戦してみたいと思います。

鰐渕先生からひと言

**「セレブ」になりきって、体重減！かっこいい大人を目指してください！**

COLUMN

01

## 「なりたい自分」をイメージできるようになったら人前に出ることが楽しくなる！

たとえば仕事でプレゼンをおこなう場合や、結婚式でスピーチを頼まれた場合。大切なのは、「そこでどんな自分を見せたいのか」をイメージすることです。すると、背筋をピンと伸ばして堂々と胸を張り、できるだけ大きな声でわかりやすく話す自分を見せようと、あなたも「演技」をすることになるでしょう。第１章の「なりたい自分をイメージする」とは、まさにこれと同じことです。

「演技」とは、自分を魅力的に見せるスキルです。プレゼンや結婚式のスピーチでも、ただ書かれた原稿を読むのではなく、「なりたい自分」、つまり理想とする自分を演じてください。あなたの思いが生き生きと伝われば、感動が生まれ、きっとすべてがうまくいくでしょう。「なりたい自分」を演じることに慣れてくると、表現力や説得力は確実にアップします。そのうち人前へ出ることが楽しくなってくるはずです！

「演技」とは、自分を魅力的に見せるスキルです！

# 第2章

# 食欲をコントロールする

やせメンタルの最大の敵とは、ずばり“食欲”です。食べすぎ、間食のしすぎが太る原因だとわかっているのに、やめられない。誰もが共通して持つこの悩みも、演技メソッドを使えば解消できます！

やせメンタルのつくりかた
13

# 空腹の理由を言葉にし「ウソの食欲」を見抜く

## その食欲が「ウソ」だとわかったら「置き換えアクション」でスルー！

第2章のテーマは「食欲との闘い」。
**もっとも強力なやせメンタルとは、ずばり、食欲のコントロールです。**

食欲は、人間の三大欲求のひとつとしてあなたの行く手を阻む巨大な壁。食べすぎれば、当然のごとく体は大きくなっていきます。しかし、「置き換えアクション」をしっかりとおこなえば、食欲をコントロールできるようになるのです。

それには、強い意志が必要では？
いいえ、簡単です。**「ウソの食欲」に気づくことさえできれば。**

まず、「お腹がすいた」と感じたときに生まれる食欲には、「代謝性食欲」と「認知性食欲」のふたつがあると言われています。

代謝性食欲とは生きるための生理現象。すなわち、体が栄養を必要としたときに感じる食欲です。一方、認知性食欲とは、「12時になったからお昼食べよ」「この番組で紹介しているスイーツ、めちゃくちゃおいしそう！　スイーツ食べたい！」など、外部の刺激によって生まれる食欲です。ストレスによる過食も、この認知性食欲で、空腹からくるものではないため「ウソの食欲」などと呼ばれることもあります。

やせメンタルの持ち主は、「ウソ」を見抜くセンスを持っています。

**大切なのは、いま感じている食欲が本物かどうかを見抜くこと。**

そのためにまず、感じている空腹感を口に出してみましょう。

いま目の前にある食べ物、自分の状態、周囲の環境。すべてを言葉にすることで、その食欲の「ウソ」を暴くのです。

「日曜の午後3時。私はいま、家のソファでテレビを観ている。おいしそうなスイーツが画面に映っている。私は、食べたいと思っている。今日は雨で外出できないし、最近仕事でミスをして落ち込んでもいる」

こうして口に出すと、ふたつのポイントが見えてきます。

ひとつはもちろん、テレビに映るおいしそうなスイーツ。もうひとつは、うっとうしい天気や仕事のミスでストレスを抱えていること。

さあ、あなたの食欲は、代謝性食欲と認知性食欲のどちらだと思いますか？
もちろん「ウソ」の食欲、認知性食欲ですね。

こうして「ウソ」と認定できたら、**「置き換えアクション」**を取り入れてみましょう。歯をみがいたり、水を飲んだり、深呼吸したり、ストレッチしたり、シャワーを浴びたりして、食欲をあおる刺激から、気分を変えてみることです。

**体が心地よいと感じるものを置き換えアクションにすることで、体との会話が生まれ、食欲をコントロールできるようになります。**

食欲を恐れず、その正体を見極め、置き換えアクションをする。こうして「ウソ」の食欲と向き合う気持ちが芽生えれば、あなたのやせメンタルもレベルアップです。

わくわく
POINT

**その食欲が「ウソ」だとわかれば「置き換えアクション」でコントロール！**

やせメンタルのつくりかた

14

感情を正しく知り
食欲をコントロール

# イライラ食いをしそうになったら「感情の輪」で理由を探る

もし、あなたの「食欲」の原因が日常生活のイライラにあるなら、**「この気持ちは、どこからきているんだろう？」と俳優になった気持ちで考えてみましょう。**

そのために必要なのが、登場人物に「なりきる」というスキル。

すなわち「感情」を読み解き、理解する力です。

ここでは、感情というコントロールできないモノを紐解（ひもと）いてみましょう。

**85ページで紹介している「感情の輪」をご覧ください。**


これは僕が考案したものではなく、１９８０年にアメリカの心理学者ロバート・プルチックが提唱した感情のチャートです。

「喜び・信頼・心配・驚き・悲しみ・嫌悪・怒り・期待」という8つの基本感情をベースとしたモデルで、プルチック博士によれば、人の感情はすべてパターンに分類でき、それらはこの8つの感情から派生していると考えられます。

たとえば「喜び」の感情はその度合によって「安らぎ」から「恍惚（こうこつ）」へと深まり、その対極には相反する感情である「悲しみ」がある。

演技の世界では、こうして感情をロジックに落とし込むことで、「苛立ち」と「激怒」を演じ分けたり、「感傷的」と「悲嘆」を演じ分けたりする術を学びます。

わかりやすい例を挙げれば、「不安」と「動揺」は似たような感情表現に思われるかもしれません。しかし、感情チャートに照らし合わせてみると、「不安」は「心配」につながる感情で、「動揺」の根底にあるのは「驚き」の感情です。こうした構造を踏まえておけば、「不安」と「動揺」を表現しやすくなります。

このチャートを使えば、感情の源を客観的にとらえることができます。

あなたが、もしイライラして目の前のお菓子に手を伸ばしそうになったら、このページを開いてください。スマホで撮影しておいてもいいですね。

そうすれば、そのイライラの理由が、悲しみなのか、怒りなのか、嫌悪なのかを把握することができます。

漠然としたイライラの正体がわかる。ダイエットでは、これが重要です。

解決策が見つからなくてもいいのです。**得体の知れない感情が明確になるだけで、あなたは心を落ち着かせることができます。** それはすなわち、お菓子に伸ばした手を引っ込められるだけの、やせメンタル獲得へとつながるのです。

## 感情の輪

アメリカの心理学者、ロバート・プルチックが提唱した感情モデルで、
感情の源を客観的にとらえるのに役立つ。

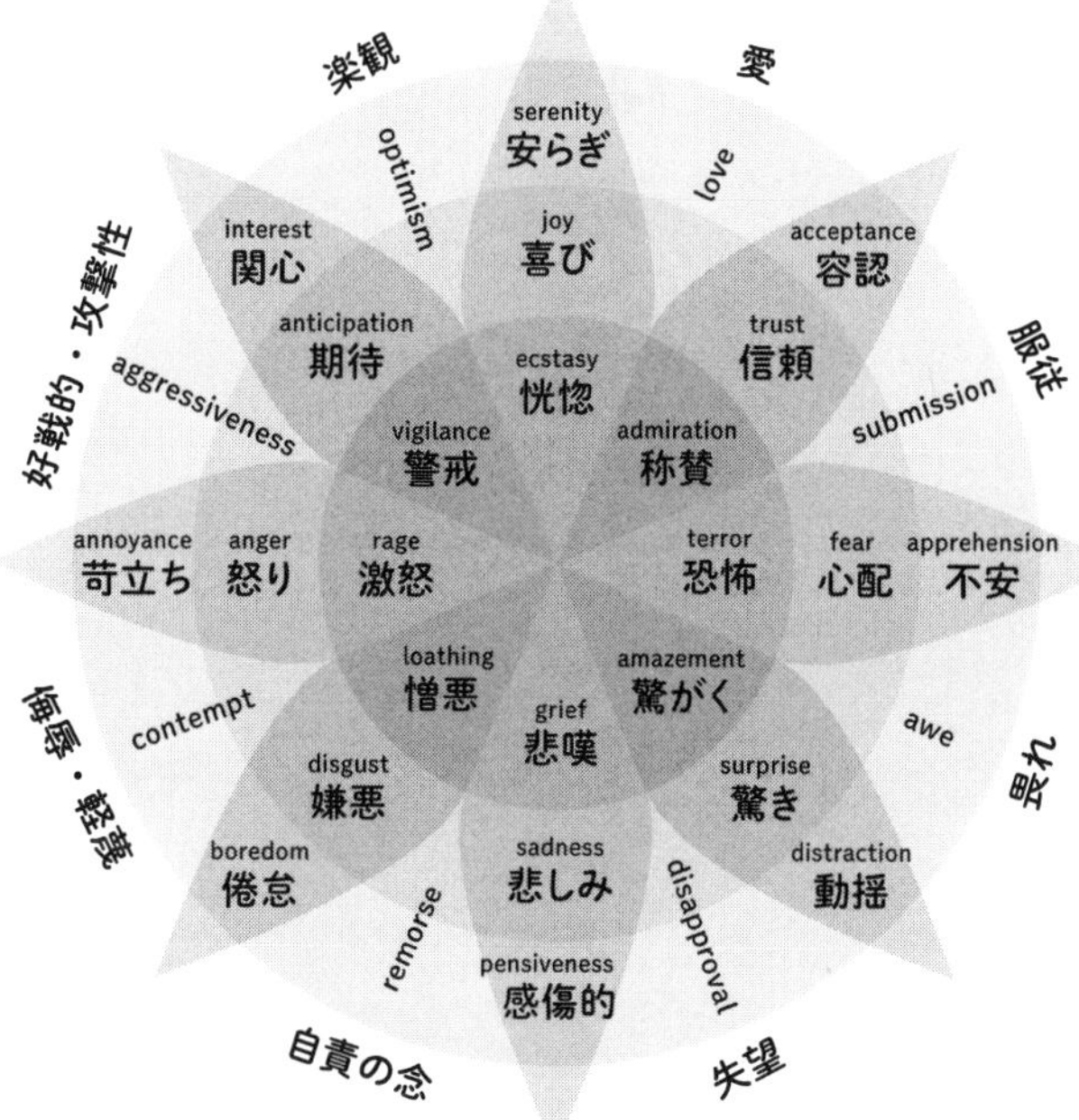


わくわく POINT

**感情チャートを広げて**
**まずは、自分を理解しよう！**

「空腹グラフ」でパーセンテージを出す

# 空腹を楽しむ！

たとえば「楽しい」という感情にも、「すごく楽しい」こともあれば、「まあまあ楽しい」こともあります。

初デートの場面で、ルックスがばっちり自分のタイプの人と、まあまあタイプの人が相手の場合では、会話のリアクションが明らかに違うはずで、そんな微妙な心の動きをカメラの前で表現しなければならないのが、女優の仕事です。

そこで僕は、女優志望の人たちに対して、パーセンテージを用いて感情を表現するレッスン法を指導しています。

「少し楽しい」「それなりに楽しい」といった微妙なニュアンスの違いも「10％」**「60％」「１００％」、さらには「１２０％」と数値でとらえてみると、具体的にイメージをつかむことができます。**

この考えかたを、やせメンタルづくりに応用しましょう。

「お腹がすいた」と感じたときは、食べ物に手を伸ばす前に、その空腹度合をパーセンテージで具体的に表してみるのです。

まずは、自分のお腹のあたりに**「空腹グラフ」**を想像してみてください。
イメージしやすい、シンプルな棒グラフがいいですね。

あなたのお腹にある空腹グラフは、空っぽなら「0％」、パンパンに満たされていたら「100％」を示します。人はこの数値が半分を下回ったあたりで、いわゆる「小腹がすいた」感覚を覚え始めます。
「30％」にまで下がってくると、はっきりと空腹を自覚し、「20％」「15％」まで下がると、きっとお腹はグーグーと音を鳴らしているでしょう。

**さて、いまあなたのお腹の空腹グラフは何％を示していますか？**

でぶメンタルの持ち主は、小腹がすいたと感じると、すぐに冷蔵庫のドアを開いてしまったり、コンビニにフラフラと吸い込まれたり、きっとするでしょう。
そんなときは、この空腹グラフと相談し、「あと10％下がるまで食べるのを我慢してみよう」と考えてください。空腹グラフが「50％」を示しているなら、「小腹の誘惑が、私をきれいにする」と思い、空腹を少しのあいだだけ楽しんでみる。

「40％」なら、「30％」まで空腹を楽しむことで、きれいはみがかれていくのです。

**やせメンタルの持ち主とは、「空腹グラフ」をお腹の中に持っていて、きれいになるために、少しのあいだ空腹を楽しむことができる人。**

それでも我慢できなければ、比べてみましょう。

いまの自分の欲求である食欲と、未来のあなたの欲求である「きれいになる」こと。

どちらのパーセンテージのほうが高いですか？

あなたが本当に欲しいものを、その手につかんでください。

**パーセンテージは本当のあなたを教えてくれます。**

わくわく
POINT

**「空腹グラフ」を手にしたあなたは**
**体と会話ができるようになります！**

やせメンタルのつくりかた

16

我慢の時間を想像力で「楽しい」に変える！

# あなたの細胞が脂肪をばくばく食べる「マジックアワー」をイメージして！

想像力は、作品に関わるすべての人が求められる大切なものです。

映画も、テレビドラマも、舞台もすべて、台本と呼ばれる文字から想像力を膨らませて、ひとつの作品がつくり上げられます。


まずは作者の想像力で、その骨組みがつくられます。どんな世界で生きる人たちなのか？　宇宙、未来都市、あるいは砂漠、さまざまな世界で生きる人間たちが繰り広げる物語が台本の中に描かれます。

そして、演出家の想像力で、台本から生まれた世界を、目に見えるものとして形にします。言葉にならないモノを形にし、人々が生きる空間をつくり上げます。

登場人物のキャラクターを決めるのは俳優です。想像力を駆使して、その人を体と声で演じきる。だから俳優には、キャラクターを演じるために、スタイルをコントロールする必要があります。

もし、お金持ちのキャラクターなら、まさにアメリカンドリームを手にしたようなムキムキの筋肉質な人に体をつくり上げ、機敏な動きで説得力を出したり、逆に恰幅（かっぷく）

をよくし、ビール腹のように下っ腹をでっぷりとさせて、動きをゆっくりしてみたりします。俳優とは、演出家や映画監督が求めるキャラクター像に答えを出していく仕事なのです。

ダイエットの場合、あなたは作者であり、演出家であり、そして女優です。まずは、「きれいになった私」というテーマで台本を書き、舞台をつくりましょう。そして、主演女優でもあるあなたには、想像力を働かせて、空腹の時間をチャンスに変えることが求められています。

お腹がすいたと感じたら、こうイメージしましょう。

**「私の細胞たちが、どんどん脂肪を食べ始めている！」**

あなたの想像力で、お腹の脂肪をばくばく食べる細胞を思い描きましょう。

人の体はカロリーが不足すると、脂肪を燃やしてエネルギーにするようにできています。つまり**空腹の時間は、ダイエットにいいことずくめのマジックアワー。**

「空腹、つらい……」と感じたなら、それをポジティブに変える想像力を働かせるのです。

どうですか？　**お腹がすくことが、なんだかお得なことに思えてきませんか？**

せっかくのマジックアワーを食べて無駄にせず、あなたの想像力で楽しみましょう。

「マジックアワー」を効果的に使い、ダイエット物語の主人公であるあなたを、さらにきれいにしていきましょう。

あなたはいままで、空腹とは我慢するものだと考えていたはずです。

でも、今日からは違います。作者でもあるあなたは、このダイエット物語のエンディングがどうなっているか、きっと知っているはずです。さあ、始めましょう！

わくわく
POINT

**主役のあなたは、どうなりたいですか？**
**想像力が未来のあなたをつくります！**

やせメンタルのつくりかた

17

得たときと失ったとき
両方の気持ちで生活する

# 「きれい」を得たときと「きれい」を失ったときふたつの気持ちを比べてみる！

その人物の願望や生きかたを体感する演技メソッドに、**「願望エンジン」**というものがあります。

僕がこのメソッドを演技レッスンに取り入れるとき、童話の『桃太郎』を題材として取り上げることがあります。ただし、主人公を鬼にして。

鬼たちは、鬼ヶ島で、あちこちの国から奪った宝物を守りながら暮らしています。

鬼になりきり、まずは宝物を手に入れたときの気持ちで、日々を生活してみる。

次に、宝物を失った気持ちで、日々を生活してみる。

そうして、僕は質問します。

「宝物を手に入れたときと、失ったときと、何が違う？」

じつは、**人は手に入れることよりも、失うことに恐怖を感じます。**

だから、さまざまな妄想をして、自分の幸せを奪われないように、脅（おびや）かされないように、日々を生きているのです。優れた物語とは、人の生きかたをよく表しています。

あなたも、ダイエットに「願望エンジン」を取り入れてみましょう。

あなたの幸せは、やせること？

いいえ、**いちばんの幸せは、きれいになること**です。


「きれい」を手に入れたときの気持ちで、日々を生活してみる。

「きれい」を失ったときの気持ちで、日々を生活してみる。

「きれい」を手に入れたときと、失ったときと、何が違う？


どうですか？

「きれいになりたい！　やせたい！」という気持ちが強くなってきませんか？

この気持ちの強さ、**「確実に手に入れるんだ」と願望を加速させることこそが、やせメンタル**です。


この章の冒頭に書いたとおり、最強のやせメンタルとは、「食欲のコントロール」です。すごくシンプルです。

それがうまくできないなら、まだあなたには「やせて、きれいになる」という気持ちの強さが足りないのかもしれません。
「きれい」を手に入れ、そして失う。その両方の状態をイメージして日々を生活し、きれいになりたい、幸せになりたいという願望を加速させましょう。

「きれいを手に入れた自分がイメージできない」という人は、いらっしゃいますか？
そんなときは、「なりきりミラー」（22ページ）や「背筋(せすじ)ウォーク」（30ページ）のメソッドで、しっかりと「きれいを手に入れた自分」のイメージを固め直しましょう。

**やせメンタルの持ち主とは、理想の自分と、それを失った自分をイメージできる人のこと**です。

わくわく
POINT

**あなたの中の秘めた願望を加速させ「きれい」を手に入れましょう！**

やせメンタルのつくりかた

18

満腹中枢に
しっかりと信号を届ける

# 「セレブ食べ」でひと口食べるのに10秒はかける

でぶメンタルの持ち主には、じつはある共通の傾向があります。

それは、食べるペースがものすごく早いこと。

お腹がすいているときや、びっくりするほどおいしいものに出合ったときなどは誰でもペースが上がるものですが、でぶメンタルの持ち主はつねにハイペースで、それこそ飲み込むように胃袋に詰め込んでいきます。

そんな〝早食い〟には、思わぬ罠が。


科学的には諸説ありますが、胃袋が食事で満たされ、満腹中枢に信号が届くまでには、10～15分ほどの時間がかかると言われています。つまり、ようやく満腹を自覚するころには、胃袋はとっくにパンパン……となってしまうのです。

**早食いとは、満腹中枢をだます魔法**だと考えましょう。

かかった人はもれなく食べすぎてしまう、黒い魔法です。


そんな魔法を解くために提案したいのが、**あなたの食生活の中に「なりきる」という演技のスキルを取り入れること。**

いつものようにテーブルについて、目の前に料理が並んだら、いったん目を閉じてこうイメージしてみてください。

「私は大金持ちの令嬢で、いま味わっているのは、執事が運んできた最高級料理。今日はどんなふうに私の舌を楽しませてくれるのかしら？」

映画に出てくるような典型的なセレブの姿を想像し、食事の前にその役になりきってみる。もちろんセレブは、がっついて料理をかき込むようなことはしません。一つひとつの食材と向き合い、ゆっくりと味わいながら、上品に箸を運びます。

**ひと口食べるのに、最低でも10秒はかけましょう。**食べたものを一つひとつじっくりと咀嚼（そしゃく）しながら、一品一品、心の中で感想を言うのです。

「うーん、これはおいしい」「これはどういう味つけなのかしら？」

「やっぱり、旬の食材でつくった料理は、最高だわ」「とろけそうなお肉……」

まるで、グルメ番組の食レポのように。

そうなると、自然と食べるスピードが抑えられ、いつもよりはるかに少ない量を口に入れたところで、満腹中枢に信号が届きます。

お腹いっぱい、今日はここまで――。きっと無理なく食事の量を抑えることができるでしょう。これが「セレブ食べ」のメソッドです。

あるいは、その日の気分でキャラクターを変えてみてもいいですね。

たとえば「料理評論家」なら、食材の味を吟味しながらこと細かく分析していくことで、食べるスピードがゆっくりになりますし、早食いでは気づかなかった料理のおいしさを再発見することもできるでしょう。


**やせメンタルの持ち主とは、空腹を満たすためだけではなく、食そのものを楽しむことで、感性を研ぎ澄ませる人**なのです。

わくわく
POINT

**「セレブ食べ」で食事をすれば上品な食べかたも身につきます！**

やせメンタルのつくりかた

19

食べたい気持ちを
拍手ひとつで切り替える

# お腹がすいたら
# 手を叩こう!

「よーい、はい！」

映画のメイキングなどで、映画監督が声を上げているシーンをご覧になったことがあるでしょう。女優たちは、そのかけ声と、「カチン！」というカチンコの音で、演技の世界に入り込みます。

これが舞台の稽古なら、演出家が「パン！」と手を叩いた瞬間に、俳優たちは役になりきります。休憩時間にどんなに素の自分に戻っていようと、その音をきっかけに、正義のヒーローになったり、悪の大魔王になったりしなくてはなりません。

また、肉親を失って悲しみに暮れるシーンの直後に、仲間と談笑する場面や、誰かを恨んで怒りを燃やす場面など、シーンごとに真逆の感情を求められることもあります。

女優にとって、悲しみから笑い、あるいは怒りへと、いかに気持ちを切り替えて演じるかが腕の見せどころであり、そのきっかけとなるのが「音」です。

そこで僕のレッスンでは、**「手打ちでヘンゲ」**といって、手を叩いた瞬間に、感情を瞬時に変化させる稽古をおこなっています。

**「パン！」と手を叩くたびに、喜び、怒り、哀しみ、楽しさなど、感情を次々と切り替えていく**のです。

このメソッドには、瞬発力が必要です。

想像してみてください。夏の暑い日に、おいしそうなソフトクリームを手に持ったあなた。手を叩かれた瞬間に、誰かがぶつかってきて、ポトッとソフトクリームを落としてしまう。「さあ食べよう！」というわくわく感から、一気に悲しみのどん底へ。そんな感情の動きを瞬間的に想像して、演じなければなりません。

あなたのまわりの人でも、何か落ち込むことがあったとき、手を打ちながら「はい、切り替えよ！」と言って、無意識にこの動作を取り入れていることがあるでしょう。

「あと1個だけ」「本当にもう1個だけ」「次が最後」と言いながら、際限なくスナック菓子を食べ続けてしまう。すなわち、**自分のつくったルールを守れない人は、でぶメンタルの持ち主**です。

これをやせメンタルに切り替えるために、まずは日ごろから、手を「パン！」と叩くことでスイッチを切り替える練習をしましょう。

だらだらとテレビを観ているときに「パン！」とひとつ。
ベッドの上で、ネットサーフィンをやめられないときに「パン！」とひとつ。
朝、まだボーッとしているとき、着替えを始める前に「パン！」とひとつ。
生活のさまざまな場面で気持ちを切り替えられれば、自分の本当にやりたいことを実現できる人になれます。

そして、つい間食をしたくなったときなどにも、「パン！」とひとつ手を叩く。すると、**気持ちが冷静になり、余計な間食を回避できるようになる**はずです。

わくわく
POINT

**手を叩いた瞬間にあなたのなりたい自分に変身！**

やせたければ
やせている人と付き合え

# きれいな人と友だちになる

僕は、レッスン生たちに、つねに台本をそばに置いておくことをアドバイスしています。いつでも台本を手に取り、その世界に没入できるようにするためです。

あなたも子どものころに感じたことがありませんか？　日常の中に、童話の世界が広がったような錯覚を。

「不思議の国のアリスの世界が、どこかにあるんじゃないか？」。そんな想像をしながら日々を暮らすと、どんどん感性がみがかれていきます。台本を見るたびに、演じる役に少しずつ近づいていく。

本書『やせメンタルのつくりかた』は、あなたにとっての台本です。

肌身離さず身近に置いてくださいね。

**でも、もっと素敵な台本が、あなたの近くにあります。**

**それは、身近にいる「きれいな人」です。**

新人の俳優は、まず憧れの先輩の演技を見て、見よう見まねで勉強していきます。

そして、積極的に話しかけて、台本の読みかたや、会話しているときのリアクションのしかた、パンプスを履いたときのきれいな歩きかたなどを質問したり、その技術を見て盗んだりしています。


あなたの身近に、あなたが憧れるきれいな人はいませんか？

「この人みたいなスタイルになりたい」「こういう素敵な女性になりたい」と思える人がもしいたら、ぜひ話しかけてみましょう。

そして、一緒に出かけたり、できるだけ行動をともにしましょう。


**あなたにとって、その人は、きっと「きれいの先輩」です。**


ランチに誘って、どんなものをどれくらい、どのように食べているのか、自分との違いを知り、生活の中に隠れている美しさの秘密をそっと勉強しましょう。

食べかたや食べる量は？　糖質を抑えているのか？　カロリーを抑えているのか？　飲み物や飲みかたは？　体の動かしかたや歩きかたは？　背筋がピンと伸びている？　表情は？　相手をしっかり見ている？　会話を交わすときに微笑んでくれる？

あなたがいままで当たり前だと思っていた行動と比較してみてください。

**「きれい」には、必ず理由があります。その理由を身近に発見できることは、新しい自分をつくり上げていくことにつながります。**

また、外面だけでなく、内面からくる「きれい」もあります。

女優が持っている「きれい」の本質は、内面のストイックさにあります。誰かになりきるためには、自分をみがき、新しい自分に変化しなければなりません。それが、内側から出るオーラと呼ばれるものなんだと、僕は思います。

新しいあなたになることは、それがポジティブな変化であっても勇気がいることです。だから、一緒にきれいの道へと歩いてくれる、「きれいの先輩」を身近に見つけてください。

わくわく
POINT

**「きれいの先輩」がきっとあなたをエスコートしてくれる！**

やせメンタルのつくりかた

21

体を心に一致させ
ストレスを解放する

# 「感情モーション」発動!
# 悲しいときは
# 思いっきり猫背になる

あん摩マッサージ指圧師の資格も持つ僕は、撮影現場でさまざまな相談を受けることがあります。腰痛がひどくて、どうしたら改善するか？　肩こりをなんとかしたい！　夕方に足がむくむのでよいほぐしかたはないか？　などなど。

そんなとき、僕はメンテナンスをさせていただきながら、「自分の体を心に一致させると、動きやすくなりますよ」と必ずお伝えすることにしています。

悲しいときには悲しい顔になり、うれしいときにはうれしい顔になる。これは当たり前のことですよね。さらに、体で感情を表現する俳優は、悲しいときには悲しい体になり、うれしいときにはうれしい体にならなくてはいけません。

じつは、人がイライラしてしまう理由は、ここにあると僕は考えています。

**自分の心、すなわち感情と体が一致していないと、自分の心を表現できていない状態が続いて、知らず知らずにストレスをため込んでしまいます。**

あなたは、どうでしょう？

感情を押し殺していませんか？

思い出してください。子どものころは、悲しければ泣き、うれしければ笑っていたはずです。それが、成長するにつれて表現をしなくなり、社会人になると感情を押し殺して生活することが日常になっていきます。

それはある意味で必要なスキルですが、どこかで自分を解放しないとイライラが蓄積して、食べすぎや飲みすぎにつながりかねません。すなわち、でぶメンタルです。

人は本来、感情と体が一致しているものです。

楽しいときは背筋が伸び、胸が開いている。逆に悲しいときは、猫背になり、肩が前に落ち込む。**感情に素直な体を取り戻しましょう。**

**そこで、僕がおすすめする演技メソッドが、「感情モーション」です。**

まず、楽しいとき、悲しいときの体をつくってみてください。

楽しい感情だけでなく、**悲しい感情だって、思いっきり体で表現します。**

ただし、漫然と胸を張ったり、猫背になったりするだけでは不充分。意識するのは、やはり筋肉です。

楽しいときの体なら、広背筋を引き締めて胸を張り、背筋を伸ばしてください。腹筋やお尻の大臀筋（だいでんきん）が引き締まっていることも意識しましょう。

悲しいときの体は、逆に広背筋を緩めて肩を落とし、腹筋からも力を抜きます。

こうして感情に連動する動きを体に覚え込ませておけば、心に対してこり固まった体がほぐれて、実際にその感情が芽生えたときにも、自然と体が心を反映するようになっていきます。うれしい、ほっとした、がっかり、頭にくるなど、さまざまな感情に対しても、体が素直に反応するようになっていくでしょう。

**それは感情の解放につながり、あなたのイライラ食いを阻止するはず**です。

やせメンタルの持ち主とは、感情を思いっきり体で表現できる人のことなのです。

わくわく
POINT

**うれしい、楽しいだけじゃない**
**負の感情もしっかり体で表現しよう！**

主演女優を演じきる

# 飲み会で注文するのは「ハイボール！」

日本を代表する映画をたくさんつくっていらっしゃる監督の現場でのことです。主演に抜擢(ばってき)されたある新人女優が、「キャー」と悲鳴を上げて泣き叫ぶシーンを、どうもうまくできません。

何度リテイクを重ねても、どうしても「悲鳴」に感情が乗らないのです。

監督に意見を求められた僕は、**「行動ゲット」**というメソッドを提案しました。

まず、いまの自分の気持ちを言葉にします。

その女優は、「焦っている」「うまくやらなきゃ」と言いました。

その次に、演じる人物の気持ちを言葉にします。

これは、「敵が目の前に迫っている！　逃げなきゃ！」です。

そうして最後に、その気持ちから導かれる「行動」を言葉にします。

すなわち、悲鳴です。

こうして、**自分の気持ちと、演じる人物の気持ち、および行動の３つを順に言葉にすることで、素の自分を切り離し、その人物が取るべき「行動」をリアルに演じられるようになる。**これが「行動ゲット」です。

実際に、このメソッドを実践してもらうと、その新人女優は、すぐにうまく悲鳴を上げることができました。監督も大満足です。


それでは、ダイエット物語の主演女優であるあなたが取るべき「行動」とは？

「行動ゲット」を実践する機会は、日常のさまざまなシーンにあります。


たとえば飲み会です。

まわりの人たちは、次々に好きなドリンクを注文していきます。

ビール、日本酒、白ワイン、カルーアミルク！

まず、あなたの正直な気持ちを言葉にしましょう。

「私もビール頼みたい！」「カルーアミルク飲みたい！」

次に、ダイエット物語の主役としての気持ちです。

「誘惑に負けちゃダメ！」「やせて、きれいにならなくちゃ！」

さあ、行動です。あなたは何を注文しますか？

糖質0で低カロリーの「ハイボール！」なんてどうでしょう？

**大切なのは、「物語の主人公だったら」という思考であり、そのための「行動」を徹底すること**です。

２次会の誘いを「明日早いから」と断ってみる。

いつもの女子会で、まわりのみんなが食後のスイーツを注文しても、毅然（きぜん）と「私はコーヒーだけで」と言ってみる。

「自分の気持ち　↓　主人公の気持ち　↓　行動」と段階を踏んで言葉にすることで、それが容易になります。

**小さなシーンでも、つくり上げた役を演じきり、食欲に打ち勝つこと、それはすなわち、やせメンタル**です。

わくわく
POINT

**「私が主役だ！」と信じ込み**
**行動することの快感！**

やせメンタルのつくりかた
23

〝食べたい自分〟を
質問攻めで撃退する

# 子どもになりきって質問を3回繰り返す！

順調にやせメンタルを育んでいるとはいえ、食欲というのはいつスイッチが入るかわからないものです。

通りがかりのお店からいい匂いが漂ってきたとき、テレビをつけたら人気店の名物料理が紹介されていたとき、誰かがおいしそうにお菓子を食べているとき……。

日常生活のいたるところに、「食欲スイッチ」は待ち構えています。**これがダイエットにおける強敵であるのは、あなたもよくご存じのはず**ですね。

これらのスイッチが引き金となる食欲は、「ウソ」であることが多く、それを見破り、対処するのが「置き換えアクション」（78ページ）でした。

そこでもうひとつ、理詰めで食欲を〝説得〟してしまう方法をお伝えしましょう。

役づくりを効果的におこなうトレーニングとして、日ごろから僕は**「思考役づくり」**というメソッドを取り入れています。

これは、台本に書かれた人物をイメージしたときに、自分の目の前に「どうして？」「なんで？」「どうなるの？」と質問してくる子どもの存在を仮想するものです。

最初に固めた役のイメージに対し、子どもは次々にこんな質問をぶつけてきます。

「どうしてそうなるの？」

「なんでそんな考えかたをするの？」

「その動きをしたら、どうなるの？」

女優は矢継ぎ早な質問の一つひとつに対し、答えを探しながら演技をみがいていきます。すると、自分自身の思考が変化していき、役のつくりかたやリアクションの取りかた、行動までもが変化していきます。

これをやせメンタルづくりに応用してみましょう。

「食べたい」「お腹がすいた」と感じたら、すぐに目の前に、**質問攻めの子どもをイメージ**してみてください。

「どうしてそれが食べたいの？」

「なんでいま食べなければいけないの？」

「食べたらどうなるの？」

無垢（むく）な子どもを目の前につくり上げ、**３回は「どうして？」「なんで？」「どうなるの？」と質問を繰り返しましょう。**

頭の中で、その一つひとつに答えていくうちに、きっとあなたは気づくはずです。

「ここで食べたら、せっかく順調に体重が落ちていたのにもったいない」「もうすぐ晩ごはんだから、いまは食べない」と。

**食欲はいつ現れるかわからないものだからこそ、自分に質問して行動を変える習慣を身につけましょう。**この質問攻めの子どもを味方につけることが、やせメンタルの獲得には欠かせません。

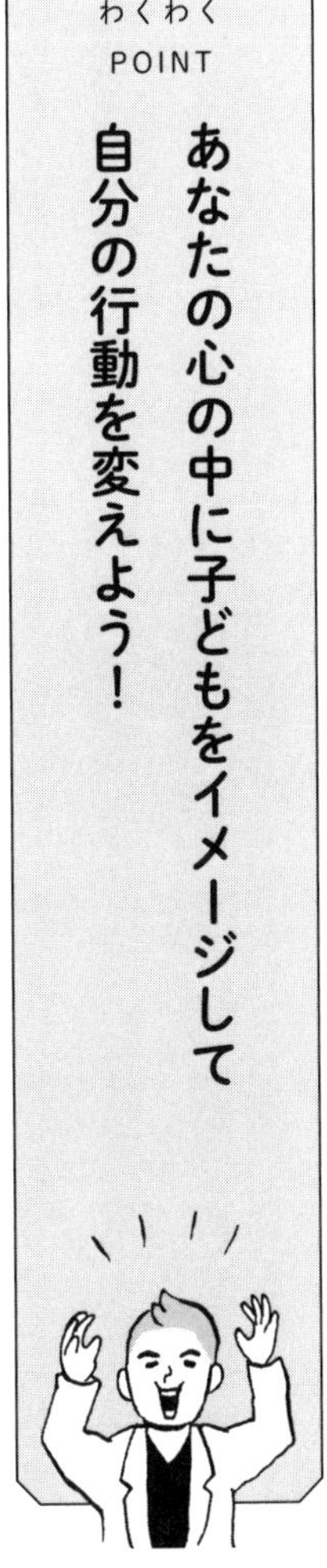

やせメンタルのつくりかた

24

たった1日だけ習慣を変える

# たったの24時間 今日1日だけは 間食ゼロ!

僕は演技レッスンの中で、**「ハビット・チェンジ・デー」**を設けることがあります。「ハビット」とは、英語で「習慣」。文字どおり、「習慣を変える日」のことです。

たとえば、滑舌（かつぜつ）も習慣のひとつです。

習慣は環境によってつくられるものですから、「伝わらなかったら、もう１回言えばいい」という環境と、俳優が置かれている、１度のセリフで観る人に伝えなければいけない環境とでは、滑舌に与える影響はまったく違いますよね。

そこで僕は、滑舌が悪いレッスン生がいると、カウンター（指で押して数を数える道具）を渡し、早口言葉を10個選んでもらって、ひたすらそれを言い続ける稽古をします。スムーズに言えるようになるまで、何十回、何百回とカウントしながら丸１日、稽古を続けます。達成できなければ、稽古が終わってもひたすら家で自己練習。

**ポイントは、「24時間」というリミットを設けること。**

短時間で集中的に、新たな習慣としてインプットしなければ、当たり前だと思っていた行動を変えることはできません。

## 「いつか」ではなく、「いま」変える。

そのために、24時間というリミットを設けるのです。

言葉だけ聞くとシビアに感じられるかもしれませんが、レッスン生たちはゲーム感覚で、楽しんでチャレンジしています。おそらくそれは、うまくなりたい理想の姿がそこにあるからだと思います。

あなたの理想とは、もちろん、やせてきれいになった姿ですね。
そのために不要な習慣を見つけ、1日だけ変えてみましょう。
なんとなくコンビニに寄ってしまうなんていうのも、その典型でしょう。

今日1日だけは、コンビニに寄らない。
今日1日だけは、間食ゼロ。
今日1日だけは、3食それぞれに30分以上時間をかける。
今日1日だけは、テレビやスマホを観ながらごはんを食べない。

今日１日だけは、しっかり栄養バランスを考えたメニューにする。
今日１日だけは、夕食に炭水化物や糖質を抜く。

次々と思い浮かんだ「今日１日だけ」。
それらはすべて、あなたが１日だけ手にするやせメンタルです。
習慣を変えるには大きな決意が必要です。でも、**たった１日、24時間だけなら、新しい自分に出会えるはず。**

続けられるか？　続けられないか？　は、やってみたあとに考えるとして、まずはゲーム感覚でチャレンジしてみましょう。

**ハビット・チェンジ・デーは、やせメンタルの扉を開ける日**です。

わくわく
POINT

**24時間だけ**
**あなたの人生を変えてみない？**

CASE 03　松石愛さん　35歳　身長161cm

# 「やせメンタル」で私たちもやせやせました！

やせメンタルを手に入れて、「リバウンドする気がまったくしない」と言う松石さん。楽しい夏休みに向けて、体づくりとダイエットを両立。

## メンタルを変えてリバウンドと無縁になりました！

２年前にパーソナルトレーニングを始め、そのときは半年で20キロも体重を落とすことができたんです。ところが、トレーニングをやめると少しずつ体重が増え始めてしまって……。

いまはトレーニングを再開したものの、やはり根本的なリバウンド対策をしなければ、ダイエットはうまくいかないということを痛感しました。

その意味で、やせメンタルのメソッドは私にとって待ち望んでいたものでした。これまでさまざまなダイエット法を試してきましたが、こうしてメンタル面から自分を変えていく手法は初めてだったので、どれも新鮮でしたね。

いくらトレーニングを続けていても、つい甘いものを食べてしまったり、お酒を飲みすぎてしまったりすると、やはり効果は出ません。その点、「具体的な目標を言葉にしてみる」（36ページ）というメソッドは、日々の節制を心がけるのに役立っています。

私の場合は、夏には沖縄へ遊びに行くのが目標。そのとき、できればビキニが似合う体になっていたいという気持ちを言葉にすることで、いっそう目的意識が高まるのを感じました。

筋肉をつけることを目的とするパーソナルトレーニングでは、ちゃんと栄養を摂るようにと指導されています。そのため、食事を控えるのではなく、食べるものの質を上げていかなければなりません。

そこで、毎日の献立を考えるうえで頼りにしたのが、引き締めたい部分を強く意識できる「レッドゾーン」（44ページ）のメソッドです。ときには甘いものを食べたくなりますが、赤く塗ったイラストを見て気持ちを新たにして、できるだけ低脂肪&高タンパクの食生活を心がけられるようになりました。

2週間で1・6キロ減という結果は、やせメンタルのメソッドで体づくりとダイエットを両立できたおかげだと感じています。

いまもリバウンドする気がまったくしませんし、体重をもっと落とせる手応えがあります。

こうなると、さらに欲が出てくるものですね。いまは単にやせるだけでなく、もっともっと理想の体に近づけるように、目標を再設定してがんばっています。

たとえば、太ももの脂肪をさらに落として下半身やせを狙いたいですし、二の腕もまだまだ気になります。そのうえで、ヒップアップのトレーニングに力を入れて、メリハリのある体に仕上げることがいまの目標です。

これが実現できれば、きっと楽しい夏休みが待っているはず。

モチベーションはまだまだ尽きません！

鱧渕先生からひと言

**レッドゾーンを知り、意識が変わればリバウンドも怖くない！**

COLUMN

02

## 「食欲」をコントロールできるようになったら「物欲」もかわすことができる！

第２章では、「ウソの食欲」を見抜いたり、空腹をパーセンテージで表したりと、食欲をコントロールするさまざまな方法をお伝えしましたね。

じつはこの方法は、ほかの欲求にも応用できます。

たとえば「物欲」です。ショップの店頭で「あのバッグが欲しい！」と感じたら、「同僚のバッグを見て自分も欲しくなっただけでは？」とか、「いま、何パーセント欲しい？」と自分に問いかける。きっと、欲求に流されない強い自分を保つことができるでしょう。お金がばくばくとバッグを食べてしまう姿を思い浮かべれば、「いまはお金が貯まるマジックアワー！」と考えられるかもしれません。

人間が持つ欲求の中でも、「食欲」は強敵です。

これをコントロールできるようになったあなたなら、物欲をかわすことなど簡単です！

食欲モンスターを制御できれば、ほかの欲求も撃退できます！

# 第3章

# 表情や声で感情をコントロールする

表情と声は、感情の出口。抑え込んでしまうと、ストレスがたまり、イライラ食いの原因に……。演技メソッドで豊かな表情と声を手に入れ、自分を解放しましょう。きれいな人は、表情と声も魅力的です！

表情によって感情を解放する

# 「喜怒哀楽フェイス」で泣く、笑う、思いっきり怒ってみる

第3章では、「表情と声」についてお話しします。

このふたつは、演技で感情を表現するために欠かすことのできない要素です。

そのとき、自分がどんな声でそのセリフを発しているのか？

イメージしているとおりの表情をつくることができているのか？

大切なのは、その役柄になりきって、**心を表情と声で表すこと**です。

「感情モーション」（１１０ページ）でお話ししたとおり、**感情とやせメンタルには、密接な関わりがあります。**

いやなこと、納得できないことがあっても口に出せず、もやもやしたまま一日を過ごす。**感情が出しきれないからストレスがたまる。だから食べてしまう。**

表情と声で感情を解放することにより、この悪循環を断ち切ることができます。

その方法を、これからお伝えしていきましょう。


僕がおこなっている演技レッスンでは、与えられたセリフを読み上げる姿を、スマホで撮影するようにしています。セリフと表情をイメージに近づけるため、何度も繰り返しトライしては、映像をチェックして修正していきます。**「喜怒哀楽フェイス」**

と名づけたこのメソッドは、もちろんやせメンタルづくりにも応用できます。

まずは鏡に映る自分を見つめながら、大きく笑顔をつくってみたり、逆に怒った顔をつくってみたり、あるいは眉をめいっぱい下げて悲しい顔をつくってみたり、思いのままに表情を動かしてみてください。大げさなアクションを意識するほど、普段あまり使わない部分の筋肉が刺激される実感が得られるでしょう。

こうして喜怒哀楽を顔に覚えさせることで、自然と日常の中でも表情豊かになれるはず。ストレスの理由は、自分の心を素直に表現できていないことです。**表情を動かし心と一体にすれば、ストレスから解放され、過食を抑えてくれる**でしょう。

泣く、笑う、思いっきり怒ってみる。どんな感情でも吐き出すことで気持ちがすっきりします。まずは、笑ってみましょう。

表情とは、いわば感情の出口であり、表情をつくることで、感情が引っ張られていくこともあります。

口角を上げて笑顔をつくることで、脳を楽しい気分に錯覚させる効果があるというのは、心理学的にも実証されている事実です。たとえつくり笑顔であっても、人はポジティブな感情を持てるのです。

**「つらいときほど笑おう」というのは、まさにその真理から来ているわけです。**

さらにいえば、こうして表情筋を積極的に動かすことで、フェイスラインが引き締まり、たるみが消える効果も期待できます。

そうなればしめたもの。いっそう気分が明るくなり、前向きな気持ちを保つことができるに違いありません。

表情と心を一体にする習慣をつけましょう。やせメンタルとはつまり、あなたをきれいにさせるメソッドなのです。

わくわく
POINT

**イライラが消えて明るい表情になればまわりに自然と人が集まります！**

やせメンタルのつくりかた
26

## 顔の筋肉を鍛えて スムーズな表情をつくる

# 「6つの表情メンテナンス」でやせメンタルと小顔まで手に入れる！

相手に自分の気持ちをスムーズに伝えるためには、日ごろの表情筋のお手入れが欠かせません。凝り固まった筋肉で笑っても、引きつった表情になってしまい、自然できれいな笑顔にはなかなかなりません。


そこで、パーツごとの筋肉をスムーズに動かすメンテナンス法を紹介しましょう。

普段あまり意識することはありませんが、顔はたくさんの筋肉で構成されています。目を開いたり閉じたり、物を食べたり飲んだり、笑ったり歯を食いしばったり、顔の動きはじつにさまざま。**その一つひとつに対応する筋肉をほぐしていくことで、顔が引き締まって見えてきます。**

さっそくやってみましょう！

■**眉間ストレッチ**

眉の動きは、そのときどきの感情を表す重要な役割を担っています。まずは、眉の動きを意識することから始めます。

眉間を人さし指で押さえてみてください。そして指をあてた状態のまま、眉を上げたり下げたり、あるいは眉間にギュッと力を入れてしわを寄せてみたり、できるだけ大きなアクションを心がけて繰り返しましょう。

■口角アップ

口角は笑顔をつくるだけでなく、ほうれい線をケアするためにも大切なもの。今度は左右の口の端に人さし指をあててみてください。そのまま、ニッと笑ってみる動作を数回繰り返します。口角に力が入る様子を意識しながらおこなえば、口角が上がり、自然な笑顔がつくりやすくなります。

■耳ストレッチ

耳もまた、頭部や顔面の大きな筋肉につながる大切な部位。意識してほぐしていきましょう。

まず、両方の耳たぶをつまみます。そしてそのまま、耳たぶを上下左右に、軽く引っ張ってみてください。周辺の筋肉がストレッチされるのがわかるは

ずです。

また、手を使わずに耳を動かそうとしてみると、日ごろ使う機会がない耳の筋肉が動くのが実感できます。

もともと耳を動かせる人は、さらに大きく動くようにやってみましょう。

**■あごトレ**

あごは食事をしたりしゃべったり、生活に欠かせない多くの動作を担っています。

あごの先端に人さし指の指先をあてて、大きく口を開閉したり、左右に動かしたりしてみてください。口元の筋肉と関節が連動して動いている様子がわかるでしょう。

**■バルーン運動**

口を閉じた状態のまま、中で空気を膨らませてみます。そして、１３６ページのイラストのように、その空気を上下左右に移動。慣れてきたらよりスピーディーに、内側から口のまわりの筋肉にアプローチする感覚でおこなってみてください。

## ■あっち向いて目

眼球もまた、筋肉によって動きが制御される部位のひとつです。

その場で顔をまっすぐ前に向け、見える風景の四隅になんらかの目印を設定してください。室内であれば壁の四隅が最適です。

そして首を動かさずに、眼球の動きだけで、設定した目印に向けて、右上、左上、右下、左下へと、テンポよく視点を動かしていきます。

慣れてきたら、今度は顔の前に人さし指を1本立てて、その先端を見つめます。焦点を指先に合わせたまま、上下左右に指を動かしてみましょう。指の動きに合わせて、目の筋肉が上下左右に引っ張られるのが実感できます。

いかがでしたか？　エクササイズに挑戦してみると、顔が多くの筋肉の集合体であることが、改めて理解できたのではないでしょうか。

人の体は、重力の影響から逃れられません。加齢とともに顔にたるみが生じるのもそのためですが、これらのメンテナンスによって顔の筋肉を引き締めれば、重力に負けない小顔になることもできます。

豊かな表情にシャープな小顔まで手に入れれば、鬼に金棒。

**表情が変われば、まわりの見る目が変わり、「見られること」に対する意識が高まる。**これが、やせメンタルのつくりかたです。

わくわく
POINT

**メンテナンスをひとつやるたびに**
**まわりがあなたを意識する！**

ぽっこりお腹に
アプローチ

# 「エア笑い」で声を出さずに大笑いしてみよう!

女優にとって、いちばんはじめにぶつかる壁があります。

それは、「笑う」演技です。

人は普段、何かおもしろいことがあるから笑いますよね。しかし、演技の場合は、「ここで大笑いする」と台本に書いてあります。


台本とは、未来の予言書のようなもの。

これから起こる未来が先に書かれています。

だから、「大笑いする」と書かれていれば、大笑いしなければなりません。

試しに、いまその場で大笑いしてみてください。

どうですか？　不自然な笑いになっていませんか？

そうなんです。笑おうとして笑うには、スキルが必要なのです。

そしてじつは、**このスキルこそが、ダイエットにたいへん効果的**なのです。


大笑いするためには、空気をしっかり吐き出し、お腹の筋肉を思いっきり使わなくてはなりません。だから、腹筋がしっかり鍛えられます。なおかつ、笑うことでメンタルも前向きになる。まわりから明るい人に見られるようになる。

これこそが、**楽しく、ラクしてお腹を絞る最良の方法**なのです。

人は大爆笑するとよく、「お腹が痛い」と言います。

この言葉は、「笑う」ことでお腹を鍛えることができる、ということを教えてくれています。

そこで、**笑いでお腹を引き締めるのが「エア笑い」のメソッド**です。

ポイントはただひとつ、声を出さずに笑うこと。

両手をお腹にあてながら、声をいっさい出さずに大笑いしてみましょう。

普通に声を出して笑うよりも、腹筋や横隔膜に強い負荷がかかるのが実感できるはずです。

「ハッ」「ハッ」「ハッ」と、お腹の中から空気を吐き出すように笑うと、横隔膜だけでなく、腹筋や骨盤底筋、さらには心肺にまで強い負荷がかかっていることがわかるでしょう。

**エア笑いを続けることで、腹筋群が自然に鍛えられ、気になるお腹まわりのシルエットをシャープにする効果も期待できます。**

「エア笑い」を活用して、ウエストを絞っていきましょう！

もし大きな声が出せる環境であれば、思いっきり声を出して笑っても構いません。

ただし、やりすぎると酸欠状態になるのでくれぐれもご注意を！

「エア笑い」を毎日続ければ、メンタルもすっきりして、イライラも吹き飛ばせます。

きっと、あなたの未来の予言書にも「きれいになった私」と書かれているはずです。

わくわく
POINT

**大爆笑のアクションで腹筋が鍛えられスリムになり、楽しい気分に！**

いろいろな高さで
声を出してみる

# 「人から言われたい言葉」を10個書き出し声の高さを変えて自分に言う！

## 「きれい」を手に入れるための重要なテクニック、それは「声」です。

女優は、演じる役によって発声の仕かたを変えています。老け役なら少し低めの声を意識し、若い人を演じるなら高い声を出して若さや幼さを表現するわけです。

また、悲しさや楽しさを伝えるときも、それぞれ声の色を変えます。

声は、気持ちを表現する重要な要素なのです。

みなさんは、何種類ぐらいの声を持っていますか？

出そうと思えば何種類も声を変えられるはずなのに、なぜいつも同じ声を使っているのでしょう？

それはあなたの耳が、あなたのいま出している声に慣れてしまっているからです。

もし、あなたがきれいな人になりたいと願っているのであれば、声にフォーカスをあて、自分が本当に心地いいと思う声をつくり上げてみましょう。

名づけて**「レインボー・ボイス」**。

それではまず、人から言われたい言葉を10個、書き出してみてください。

どんな内容でも構いません。やせメンタルを身につけた先にある、理想の自分をイメージしながら、周囲の反応を想像してみましょう。

「やせたね」

「きれいになったね」

「最近、表情が明るくなったよね」

「褒められワード」（40ページ）のメソッドを実践した人は、ぜひその言葉も加えてください。

そうして書き出した言葉を、最初は低めの声で、楽しみながら読み上げます。

次に、子どもに絵本を読み聞かせるような感覚で、少し高めの声で同じように読み上げます。そして最後に、自分のテンションがいちばん上がる声で！

このメソッドでは、**発声に関わる発声筋と呼ばれる筋肉群を刺激し、鍛えることができます。**声は髪形や洋服と同じように、その人の印象に大きな影響を与えるパーツのひとつ。声に個性のある俳優や声優のナレーションは、テレビ番組のイメージを大きく左右するぐらい、影響力があるのです。

発声筋を鍛えれば声に張りが出ますし、加齢によって低くなった声だって若返らせることができます。

さらにこの「レインボー・ボイス」は、**「言われたい言葉」というポジティブワードを繰り返し読み上げることもポイント**です。

発声筋を鍛えることで手に入れた美しい「声」と、口にする言葉のポジティブなパワーによって、ダブルでメンタルにアプローチできるからです。

明るくハツラツとした声は、周囲だけでなくあなた自身のテンションを高めてくれます。**気持ちと声をひとつにして、前向きに生きていく、それがやせメンタル**です。

わくわく
POINT

**声にどんどん張りが出てくれば**
**自然とテンションも上がります！**

やせメンタルのつくりかた

29

## 寝る前のつぶやきで明日の自分をコントロール

# おやすみ前に「つぶやきコール」！明日の行動を言葉にしよう！

演技というのは、見た目だけでなく、その役に内面からなりきることが重要です。

そのために、ある有名な俳優は、演じる役を自宅まで〝連れて帰る〟と言います。

大変なのはご家族で、修行中のお坊さんの役をもらったときは、家族全員正座で食卓につき、箸の持ち方が間違っていると叱りつけたのだとか。

女優や俳優たちは、それほどに身も心もその世界に没入しなければなりません。

そこで僕がアドバイスしているのが、**寝る前の「つぶやきコール」**です。

ダイエットを効果的に進めるために、絶対にはずせない大切なポイントがあります。

**それは「睡眠」。**

睡眠不足によるホルモンバランスの乱れから過食に走ってしまうということも言われていますが、ここでは、また違う側面から睡眠にアプローチしたいと思います。

睡眠は単に心身を休めて回復させるだけでなく、記憶や情報を脳に定着させる働きがあることが、最近の研究で明らかになりました。

これを利用して、僕は睡眠を使ってイメージを定着させることを提案しています。

具体的には、**寝る前に役づくりをおこなって、眠っているあいだにイメージを脳に刷り込ませる。そして、朝起きたときにはその役になりきって生活する、**という流れをつくるのです。大切なのは、日常を変化させること。

これをぜひやせメンタルづくりに取り入れてみましょう。

でぶメンタルの持ち主は、「明日からがんばろう」「今日だけは特別」と目先の食欲を優先し、ダイエットを先延ばしにしてしまいがち。

そんなでぶメンタルをやせメンタルに切り替えるために、**夜、ベッドに入って眠る前に、きれいな人が絶対にする明日の行動を声に出してみましょう。**

「仕事から帰ったらジョギングするぞ」
「明日は1日、炭水化物を控えよう」
「休憩時間に間食をしないこと」

自分が明日、確実に実行したいことをつぶやいて眠りにつく。

そうすることで、生まれ変わったような気持ちで朝を迎えられます。

同じセリフを何度も繰り返しつぶやいているうちに、きれいな人を演じているあなたになる。

「ああなりたい、こうなりたい」と願望を持つだけでなく、言葉にして発することで、演技でもっとも重要な「なりきる」というスキルを手にすることができるのです。

熱い思いを込めて言うのではなく、**寝る前のリラックスした状態で「つぶやく」**こともポイントです。そうすることで、がんばらなくても到達できる目標としてあなたの意識に刷り込まれていきます。

寝る前の「つぶやきコール」で、明日のあなたは、きっと理想のあなたになっています！　いや、理想のあなたに「なりきる」のです！

わくわく
POINT

**睡眠前の「つぶやき」があなたをきれいな人に導きます**

言葉の力で満腹に追い込む

# 「お腹がすいた」と思ったら「ああ、お腹いっぱい！」

「ああ、お腹いっぱい！」というセリフが台本にあったら、女優はお腹の状況にかかわらず「お腹いっぱい！」と言わなくてはなりません。

そして、観客に「お腹がいっぱいなんだな」と思わせないと、それはウソになってしまいます。だから、実際に満腹にして撮影に挑むこともあります。

しかし、そんなことをしなくても、**「追い込む」というスキルを使ってお腹をいっぱいにすることができる**のです。

追い込みかたは女優によってさまざまですが、いちばんわかりやすいのは**「追い込みセリフ」**というメソッドです。

好きな食べ物を想像し、あたかもそれを食べたあとのように、言葉にしていきます。料理やスイーツの名前をこれでもか！　というぐらいに。そうすることで、まるでそれらを食べたような錯覚に自分を「追い込む」のです。

「今日は朝からラーメンを食べて、追加で餃子とチャーハン食べて、そのあとコンビニでシュークリームを３つ買って食べた。まだ食べるの⁉」「ああ、いっぱい食べた。満腹！」。その追い込んだ状態のままで、撮影。

「ただ思い込んでるだけじゃないの?」と思われる方がいるかもしれません。

しかし女優たちは、これを大真面目にやっています。そうして、あなたが感動する作品をつくり続けているのです。

実際には食べていないのに満腹にすることができるこのスキルを、ダイエットに応用しない手はありません。

女優がセリフを通じて、その状況に自分を追い込んでいくように、あなたも**言葉を通じて食欲をセーブし、理想の体を手に入れましょう。**


「追い込みセリフ」の取り入れかたは、じつに簡単です。

たとえば、会社からの帰り道。しっかり夕食を食べたのに、「まだお腹がすいているな」と思ったら、「追い込みセリフ」。

「ああ、お腹いっぱい!」と実感を込めて言いましょう。そうすると、まだ食べたいと思っていた脳は、もうお腹いっぱいなんだと勘違いを起こします。

レストランでもう1品注文したくなったら「もう、お腹いっぱい!」。

お菓子に手が伸びそうになったら「ああ、おいしかった!」。

コンビニのスイーツの棚の前で立ち止まったら「さっき充分食べたじゃん！」。

欲求とは、単に習慣になってしまっていることが少なくありません。

ごはんを食べたあとに、甘いものが食べたくなる。少し動いたら甘いドリンクが飲みたくなる。風呂上がりのアイスクリーム。

その習慣を止めようとすると、イライラの原因になってしまいます。

**止めようとするのではなく、もう食べてしまったと自分を追い込むことで、満足しながら、食べないで過ごせる。**その食べなかった日が積み重なって、体重の変化、ウエストのサイズダウンにつながってくる。

言葉の力は、あなたをやせメンタルに導いてくれます。

わくわく
POINT

**お腹がすいたと感じたら「もう食べちゃった」ことにしよう！**

「つらい・苦しい」を「楽しい」に変える

# 筋トレのカウントを「あいうえお」に変える

「やせたいけど、運動するのはいや」というでぶメンタルな人にこそ、ぜひおすすめしたいメソッドが**「あいうえおカウント」**です。

女優志望の人は、最初に「滑舌（かつぜつ）」の訓練をします。

なぜかというと、普段のしゃべりかたでは、なかなか人に気持ちが伝わらないからです。滑舌がいい人といえば、アナウンサーを思い浮かべる方も多いでしょう。そこにさらに「気持ち」を入れるのが、女優の仕事になります。気持ちだけが激しく表現されても、言葉が聞き取れないと、観ている人は物語に入り込めません。

だから、演技を始めたころの女優たちは、何度も何度も同じ言葉を繰り返しエクササイズします。

その代表的なものに、「あ、い、う、え、お」と母音をはっきり発音することで言葉を明瞭にする発声練習があるのですが、これを応用したのが「あいうえおカウント」です。

たとえば腹筋を20回やる場合、普通なら「1、2、3、4……」とカウントしますよね？　しかし、このカウント法の難点は、「まだたったの10回か」「こんなにしんどいのに、あと10回もあるのか」などと計算が働いてしまうこと。これが精神的な負担になり、続けるのがいやになってしまいます。

そこで、**カウント方法を「あ、い、う、え、お」に置き換えてみましょう。**

たったそれだけ？　と思ったあなたは、ぜひ一度本を読む手を止めて、その場でスクワットを始めてみてください。

**「あ、い、う……」とカウントしていると、残りの回数がイメージしにくく、数字の持つプレッシャーから解放されて、気持ちをラクに保つことができます。**

1行がちょうど5文字なので、20回なら「あ行からた行まで」と設定も簡単。

さらに発展させるなら、五十音ではなく、好きなアイドルや行きたい国など、気持ちを盛り上げてくれるものの名前でカウントしてもいいですね。

嵐のファンなら、メンバー5人の名前を順番に言っていけば、34回（34文字）です。回数の設定は少し複雑になりますが、カウントする言葉にすら感情が乗って、意欲が増すことは間違いありません。「途中で止めたら、言えなかったメンバーに失礼」という美しいファン心理もあなたを後押ししてくれるでしょう。

**心理的なハードルを意志の力で飛び越えるのではなく、「楽しい」にシフトさせてハードルの高さを下げる。**この柔軟さもまた、やせメンタルです！

この原稿を書いているいまは、新型コロナウイルスによる自粛要請が解除されたばかり。スポーツジムなどの営業も再開されつつありますが、まだまだ多くの人が運動不足に悩んでいます。

ぜひ、自宅で簡単にできる腕立て伏せ、腹筋、スクワットなどの運動に、この「あいうえおカウント」を取り入れて、あなたの健康に役立ててください。

わくわく
POINT

**カウント法を変えるだけなのに筋トレが急に楽しくなる！**

やせメンタルのつくりかた

32

弱点こそ前向きにとらえる

# 体についたお肉に君は「伸びしろ」だと言い聞かせる

俳優の世界には、オーディションというものがあります。これを通過しなければ仕事がもらえないという過酷なシステムの中で、俳優たちは次のスターを夢見て挑戦し続けています。

中には、年間１００本もの映画やドラマのオーディションを受けても、合格できなくて途方に暮れる人もいます。オーディションに落ちるたびに、自分のダメなところばかりを発見して、自己否定を繰り返してしまうレッスン生もいます。

そんな落ち込んだレッスン生に僕が伝える言葉は、**「あなたのダメだと思っているところは、すべて伸びしろなんだよ」**です。

ダイエットに挑み続ける人も同じこと。

体に対して悩みを持つあなたは、自分を否定して、焦っていないでしょうか。

**自分に投げかける言葉を、ほんの少し前向きにしてみてください。**

お腹、お尻、二の腕……。イメージどおりではないパーツを、すべて「伸びしろ」だと自分に言い聞かせるのです。

たとえば、「このお腹をどうにかしなきゃ」とダメ出しをしても、気持ちだけが焦ってしまっては、何も変わりません。そういうときは、「お腹さえ少し小さくなれば、完璧！」と、前向きな言葉を投げかけましょう。

実際に、お腹を覆っている腹直筋と腹斜筋というふたつの筋肉をストレッチし、柔らかくするだけでも、女性らしいくびれが出てくる人もいます。

また、二の腕が気になる人も、肘を伸ばしてバンザイした状態から、肩甲骨がグルグルと動くように腕を回せば、重力でたるみぎみだった二の腕が締まってきます。

だから、「ここの、たるみがダメ」と、自分を否定してしまうようなコメントを言う前に、腕をグルグル回しながら、「腕が軽くなってきた！　ノースリーブが似合う私まであと少し！」と、気になる部分に言い聞かせましょう。

体についたお肉は、子どもと同じです。まずは否定をせず、言い聞かせてあげて、自分の体と仲よくしていきましょう。

**やせメンタルの持ち主とは、ダメなところを伸びしろに変え、新しい自分に**

**向かって挑戦できる人**です。

第3章の「表情と声」のメソッドは、これで終わり。

あなたはもう、美しく、感情豊かな表情と声を手に入れていることでしょう。

そんなあなたに、最後にメッセージを。

その表情と声は、あなたの魅力を引き立ててくれます。

あなたを活力に満ちた人間にさせ、あなたの秘めた個性を最大限に引き出してくれます。

**表情と声をみがくことで、まわりの人からも一目置かれ、表面だけではなく、内面の美しさを、さらに極めることができる**のです。

わくわく
POINT

**自分に投げかける言葉を変えるだけで**
**ダメなところが伸びしろに変わる！**

COLUMN

03

## 「表情」と「声」を変えられたら「若々しさ」も手に入る！

肌や姿勢だけでなく、表情や声も若さを見せつける鍵となります。張りのある声や生き生きとした表情には、「若い」「きれい」を際立たせる魅力が存在します。

声帯を操るのは筋肉であり、表情を操るのもまた筋肉。そのため、声や表情が筋肉の衰えとともに少しずつ変化していくのは誰しも避けられません。だからこそ、声や表情をトレーニングによって鍛えることは、いつまでも若々しく、魅力を保つことにつながります。

おまけに体形や体脂肪と違い、これらは意識ひとつですぐにアンチエイジングできるのがポイント。第３章で紹介しているメソッドで発声を意識し、豊かな表情をつくるコツを覚えれば、周囲に与える印象はすぐにでも変わります。人気女優が表情や声の鍛錬を欠かさないのはそのため。表情と声で「若々しさ」も手に入れましょう！

あなたのまわりの「きれい」な人も表情と声に魅力がありませんか？

# 第4章

# リバウンドしないために

やせメンタルがしっかりとあなたの中に根づくまでは、しばしばリバウンドの魔の手がおそってきます。「ちょっとくらいなら」「いままでがんばったし」……。そんな気持ちが芽生えたときの対処法がこちら！

やせメンタルのつくりかた 33

## ご褒美の先取りで罪悪感を打ち消す

# 間食も食べすぎも後悔するな! 早めに「ご褒美(ほうび)」をもらっちゃっただけ!

本書をここまで読んでくださったあなたは、もうでぶメンタルを撃退し、立派なやせメンタルの持ち主になっているはず。

もしかすると、すでに数キロ単位でダイエットに成功していたり、まわりから「最近きれいになったね」と言われたりしている人だっているかもしれませんね。


ところが、ダイエットにはリバウンドという魔物がつきものです。

**「体重は、落とすことよりも、維持することのほうが難しい」。**

これは、誰もが自分ごととして抱えている悩みではないでしょうか？


なぜ、せっかくやせてきれいになれたのに、人はリバウンドしてしまうのか？

その正体がでぶメンタルにあると僕は考え、演技メソッドの〝なりきる〟スキルを使って、やせメンタルになるために意識を変える方法をお伝えしてきました。

**やせメンタルさえ身についていれば、リバウンドとは無縁でいられる、**それは間違いありません。

ところが、いままでの食生活や運動などの習慣を変えることは、やっぱり簡単なことではありません。

やせメンタルづくりに励んだつもりでも、少しずつ体重が戻りつつあるという人に向けて、この章では改めてリバウンド対策をレクチャーしましょう。

大前提として、いままでやってきたやせメンタルづくりを続けること、そして、目的の体重に達したあとも、現在のあなたの状態と向き合うために、体重計には毎日のることが大切です。

そのうえで、リバウンドの兆候が少しでも感じられたら――。

**「早めのご褒美」作戦、発動です。**

リバウンドが起きる最大の理由は、目標を達成した解放感にあります。

解放感は気の緩みにつながり、以前と同じ行動に導きます。

つまり、**でぶメンタルに逆戻りしてしまう**のです。

「せっかくやせたんだし」と、安心してごはんを食べすぎてしまった。

「たまにはいいか」と、ついスナック菓子の袋を開けてしまった。
「また明日からがんばればいいや」と、デザートを我慢できなかった。

ダイエット後のそんな心境に心当たりがある人にまずお伝えしたいのは、**食べてしまったことに罪はない**ということ。

食べすぎや間食を過剰に悔やむと、それがストレスとなり、さらなる過食の原因になりかねません。

自分は何をやっているんだろうという自己嫌悪、また今回も失敗かという挫折感、このストレスをどう解消すればいいの？　もう、食べるしかない！

これでは悪循環です。

**ネガティブな気持ちは、より根深いでぶメンタルを誘い出します。**

これがダイエットの大敵。

だから、**食べすぎたり間食したりしてしまった自分を、いったん受け入れてあげましょう。**むしろ、「おいしかった」とポジティブに受け入れて、食べた分をなるべく早くリカバリーするよう、発想を転換するのです。

すなわち**「早めのご褒美」**です。

ご褒美とは本来、何か事を成したあとにもらえるものですが、運動をしたり、ひと駅分歩いたりしたことのご褒美を、先にいただいてしまったと考えるのです。

もし食べすぎてしまったと感じたなら、「体スイッチ」（26ページ）や「背筋(せすじ)ウォーク」（30ページ）に取り組むことでリカバリーが利くでしょう。

休憩時間にお菓子を食べすぎてしまったなら、帰りはひと駅手前で降りて、歩いてみてはいかがでしょう。

デザートを食べてしまったことを後悔するよりも、「おいしかった！」と前向きに受け入れて、「ご褒美」の代償に向けて動きだすことが大切です。

「食べてしまった」という罪悪感をご褒美に変換し、ポジティブな思考にシフトさせるということです。

ダイエットで大切なのは、自分に対してイライラしないこと。

**「おいしいものを食べた分、しっかり動こう。だってご褒美を先にもらったん**

**だから！」**という発想に転換できることこそが、やせメンタルです。

こうして罪悪感を打ち消すことができれば、やせメンタルづくりへのモチベーションがさらに高まる効果も期待できます。

「背筋ウォーク」で公園を散歩したり、「体スイッチ」を入れたまま掃除をしたりするなど、わくわくすることをやってみましょう。

食べすぎや間食をポジティブに受け入れ、プラスに変換することもまた、やせメンタルのなせる技。

後悔する時間がもったいない！　さっそく動き始めましょう！

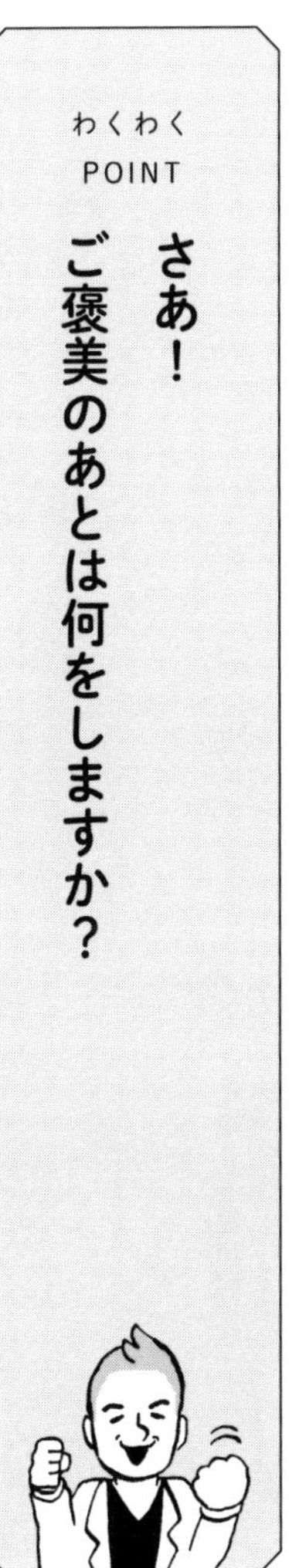

やせメンタルのつくりかた

34

さらにやせた未来と
元どおり以上に太った未来

# 「未来ツアー」でふたつの未来をイメージしよう!

理想の自分に向かって順調にダイエットを進めていた人でも、でぶメンタルは完全に消滅したわけではありません。

とくに危ないのが、小さな目標をクリアしたとき。

たとえば最初に「マイナス３キロ！」という目標を掲げて、それを達成したとき、ちょっとした油断から再びでぶメンタルが顔をのぞかせると、以前のあなたに逆戻りしてしまいます。そうならないために、ここでは演技メソッドのひとつ、**「未来ツアー」**を利用して対策を打ちましょう。

**「未来ツアー」とは、自分の未来の姿を数パターンに分けて思い描くテクニック**です。たとえば、女優がある人物を演じるときには、できるだけ深くその人の背景を理解するために、過去・現在・未来を具体的にイメージする作業をおこないます。演じる場面が現在のワンシーンのみであったとしても、その人の過去に何があったのか、具体的に想像しておくことで、演技の深みは増します。

そしてさらに、その人の未来にまで想像を巡らせておくことで、その人が取る行動や発する言葉にいっそうのリアリティーが生まれるのです。

このメソッドをリバウンド対策に応用してみましょう。

想像すべきはあなたの未来。その未来には当然、さまざまな選択肢がありますが、ここでは、ふたつの未来を訪れてみます。

すなわち、**「やせメンタルな未来」と「でぶメンタルな未来」**です。


まずは、さらにダイエットが進み、どんどん理想の体形へ近づいていき、好きな服を自由に着られるようになった未来を想像してみてください。

そのとき、まわりの友人たちはあなたを見てなんと言うでしょうか？

前から気になっていた異性は、どんな目であなたを見ているでしょうか？

いかがでしょう。考えれば考えるほど、わくわくしてきませんか？　そして、**理想の未来をイメージすることで、ダイエットへのモチベーションが再び喚起(かんき)されるはず。**これが、「未来ツアー」の効果です。


そして今度は、ダイエットを始める前よりもはるかに太ってしまった、でぶメンタルの「未来ツアー」で自分をイメージしてみます。

体重がプラス5キロ、ウエストがプラス5センチ、どーんとお肉がのった自分のお腹、ふくよかさを増した二の腕に太もも……。

あまり想像したくないかもしれませんが、これもまた、未来に起こり得るあなたの姿です。**やせメンタルで見た未来と、でぶメンタルで見た未来、はたしてあなたは、どちらがお好みですか？**

こうして異なるふたつの自分の姿を具体的にイメージすることで、自分に警鐘(けいしょう)を鳴らすのが「未来ツアー」の目的です。

リバウンドとは、でぶメンタルが起こすもの。しかし、「未来ツアー」のメソッドを使えば、未来は自分のメンタル次第でいつでも変えられることに気がつくでしょう。

わくわく
POINT

**やせた未来と太った未来**
**あなたは、どちらも選べます！**

やせメンタルのつくりかた

35

新しい目標を見つけよう

# この本を最初から読み直してみよう 世界が違って見えることにあなたは気づくはず

さて、やせメンタルづくりも、いよいよ総仕上げです。

理想の体形、体重に着々と近づいているあなたが、途中でリバウンドすることなく、さらにきれいになるために必要な最後の一手は、**「新しい目標を持つこと」**です。

「５キロやせたい」「ワンサイズ下の服を着られるようになりたい」など、最初の目標を達成したあなたは、以前よりも自分に自信が持てるようになっています。

しかし、そこがゴールではありません。

思い出してください。あなたの目標は、「きれいになったね」と言われることです（11ページ）。これはあくまで、**「まわりにきれいになったねと言ってもらう」**プロセスのひとつにすぎないのです。

**でぶメンタルは、いつでもあなたの身近に潜（ひそ）んでいます。**そのため、ちょっと気を緩めると、途端に悪さをしてきます。

そこで、やせメンタルにみがきをかけるためには、**目標をもうワンランク上げることが**必要です。

では、ワンランク上の目標をどこに見いだせばいいか？

**「きれいになる」という目標に向かうために重要なのは、体重などの数値だけではありません。**

姿勢や笑顔、言葉遣い、声、所作……などなど、体にまつわるあらゆる要素をみがきましょう。そこからやせメンタルは刺激され、あなたは、よりきれいになっていきます。

こうして大きな目標に向かうために、目標をステップアップさせていく手法は、僕がレッスン生たちに対して実践している指導法のひとつ。最初は誰でもゼロの状態、演技の基礎も体づくりもまったくできていない状態からスタートを切ります。

そこから、「まずは笑いかたを覚えましょう」「悲しみの表現を手に入れましょう」などと順を追ってスキルをみがき、できるようになったらワンランク上のスキルの習得を目指していきます。

**目標をひとつずつ丁寧に追っていけば、間違いなく自分を成長させてくれる、必ず新しい自分に出会える。**これは、ダイエットでも同じではないでしょうか。

やせメンタルの獲得で、ダイエット前の体重から5キロ落とすことができたなら、あなたは以前よりもだいぶスリムに、きれいになっているはず。

では、そこからさらに素敵な笑顔を身につけることができたら、どうなるでしょう？　ぜひ、具体的にイメージしてみてください。

ちょっとぽっちゃりしていた体形からすっきりとやせたいま、さらに姿勢や発声もみがいていけば、気になる人に素敵と思ってもらえるかもしれません。

ワンサイズ下の服を着られるようになったあなたが、洋服のコーディネートにもみがきをかければ、周囲から憧れられる存在にだってなれるでしょう。

**目指すのは「いつもキラキラしている自分」**です。いまの自分をキラキラさせることで自分に何が起こるのか、ポジティブに想像を巡らせてみてください。

ここで改めて、この本を最初から読み返してみましょう。すでにやせメンタルを手に入れているあなただからこそ、見える世界が変わっていることに気づくはず。そこでさらなる新たな目標を立てれば、モチベーションはいっそう上がるでしょう。

そのサイクルをものにして、**さらにみがきをかけ続けて、きれいな自分を手に入れる。これがやせメンタルがもたらす理想のスパイラル**です。

「きれいになったね」と言われる第一歩は、なりきること。

それがやがて、本当の美しさになっていきます。

演技メソッドを存分に活用して、毎日をわくわくと楽しく過ごす。そこで初めて、やせメンタルは完成するのです。

さあ！　きれいになりましょう！

わくわく
POINT

**どんどんきれいになる自分にわくわくが止まらない！**

僕のレッスンは
これで終わりです。
キラキラしているあなたを
応援しています！

# おわりに

「演技メソッド」を「ダイエット」に活用するというこの本の企画は、知人から聞いた話が始まりでした。体重１００キロを超える40代男性をダイエットさせるには？という相談を受けたのです。

ある日、ランチで行きつけのカレー屋に行ったその男性は、いつもであればルーとごはんを大盛りにするところを、ルーだけを大盛りにしたそうです。

なぜか?

それは、彼が「ダイエット」を始めようと決意したからでした。

まわりからも、「やせたら?」と言われる日々を気にしていたのです。

しかし、食べ進めていくうちにルーだけが残ってしまいました。そこで彼は、ためらうことなくごはんを追加しました。すると今度は、ごはんが残ってしまった。再び彼は、ためらうことなくルーを追加しました。すると、またルーが残って……。

気がつくと、もう3杯目のおかわりをしていたのです。

どんなに決意をしても、行動を変えることができない。

たくさん食べることが、習慣化している彼。


この話を聞いたとき、「メンタルを変えなければ、行動は変えられない！」と僕は気づきました。そこで思いついたのが、自分ではない自分に「なりきる」という演技メソッドを活用する発想だったのです。


僕の演技レッスンを受けた人たちは、自分をみがくスキルを手に入れ、本当にきれいになっていきます。

表情は明るくなり、声には張りが出て、魅力的な人になります。

映画やテレビで活躍している女優たちが美しいのも、自分が理想とする体を手に入れるために、メンタルをつくり変えているからです。

「なりきる」というスキルを使って、自らが憧れる体づくりをしているのです。

執筆にあたり、ダイエットをしているたくさんの人たちに話を聞きました。

その中で、多くの人が理想の自分をイメージできていないことや、たくさん食べること、習慣的に甘いものを食べていることを知りました。

とくに印象に残ったのが、「イライラして、つい食べてしまう」という声の多さです。そこに、ダイエットに本当に必要なメンタルづくりの秘密が隠されているのではないか？　満たされない心理が、食べてしまうことにつながっているのではないか？と考えるようになりました。


演技では、楽しいことも、悲しいことも、感情を思いっきり表現しなくてはなりません。プラスな気持ちもマイナスな気持ちも出しきることができれば、心はすっきりしていきます。思いっきり笑い、思いっきり泣き、思いっきり怒る。そうすることで、自分の気持ちと、正直に向き合えるようになります。

ダイエットを始めようとしている方はもちろん、リバウンドで苦しんでいる方も、イライラをため込む前に、感情を思いっきり出してみましょう！

「きれいになってやる！」と、プラスな気持ちになって、明日に向かいましょう！

体型に悩みを持つすべての人が、健康的で、きれいになっていただけるよう、心を込めて書きました。「やせメンタル」になって、憧れの自分を手に入れてください。


この本の出版にあたり、たいへんお世話になった歌手の高橋洋子さん。

日本映画界に、僕を導いてくださった神山征二郎監督。

僕の指導に前向きに協力してくれる演技学校のみなさんや、レッスンを受けてくれている生徒たち。

執筆にご協力いただいた大勢の方々。

本当に、ありがとうございました。

そして、この本をいま手に取ってくださっているあなたへ。

機会があれば、僕のホームページやＳＮＳをのぞいてみてください。

この本を通して訪れる新たな出会いに、いまからわくわくしています！

鰐渕将市

**オンラインで、いつでもどこでも無料レッスン！**

# 「やせメンタルジム」配信中！

本書の著者で演技指導師の鰐渕将市さんが、オンライン上で「やせメンタルジム」を開設しました。やせメンタルを身につける方法を動画でわかりやすく紹介しています。本書と併せて実践すれば、より早く、効果的にやせメンタルへの扉が開きます！

## まずは、こちらへアクセス！

### YouTubeチャンネル

**鰐渕将市**

▶ https://www.youtube.com/channel/UCPAV0_rZiNC7SoUpdtX4jfw

「やせメンタルジム」をアップ。
ぜひチャンネル登録を！

### オフィシャルサイト

**鰐渕将市**
**公式ホームページ**

▶ https://wanibuchimasaichi.jimdofree.com/

演技講師協会の代表もつとめる
鰐渕さんの情報は、こちらから！

### SNS

「やせメンタルジム」をはじめ
有名人との交流も投稿！

**Instagram**

**@wani_ugayafukiyaezu**

**Facebook**

**@wani 鰐渕将市**

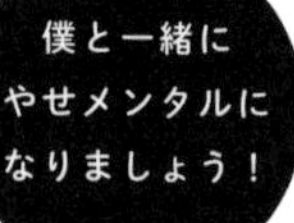

## きれいな女優がやっている
# やせメンタルのつくりかた

発行日　2020年7月1日　第1刷

**著者**　鰐渕将市

**本書プロジェクトチーム**

| | |
|---|---|
| **編集統括** | 柿内尚文 |
| **編集担当** | 菊地貴広 |
| **デザイン** | 杉山健太郎 |
| **編集協力** | 天野由衣子（コサエルワーク）、友清哲 |
| **企画協力** | 小沼利行（株式会社博報堂） |
| **イラスト** | 伊藤ハムスター |
| **校正** | 柳元順子 |
| **DTP** | 山本秀一、山本深雪（G-clef） |
| **営業統括** | 丸山敏生 |
| **営業推進** | 増尾友裕、藤野茉友、綱脇愛、渋谷香、大原桂子、桐山敦子、矢部愛、寺内未来子 |
| **販売促進** | 池田孝一郎、石井耕平、熊切絵理、菊山清佳、櫻井恵子、吉村寿美子、矢橋寛子、遠藤真知子、森田真紀、大村かおり、高垣真美、高垣知子、柏原由美 |
| **プロモーション** | 山田美恵、林屋成一郎 |
| **講演・マネジメント事業** | 斎藤和佳、高間裕子、志水公美 |
| **編集** | 小林英史、舘瑞恵、栗田亘、村上芳子、大住兼正 |
| **メディア開発** | 池田剛、中山景、中村悟志、長野太介 |
| **総務** | 千田真由、生越こずえ、名児耶美咲 |
| **マネジメント** | 坂下毅 |
| **発行人** | 高橋克佳 |

発行所　株式会社アスコム

〒105-0003
東京都港区西新橋2-23-1　3東洋海事ビル
編集部　TEL：03-5425-6627
営業部　TEL：03-5425-6626　FAX：03-5425-6770

印刷・製本　株式会社光邦


Printed in Japan ISBN 978-4-7762-1084-9